어린이집에서의 권력과 정서

Robin Lynn Leavitt 저 / **양옥승 · 신은미** 공역

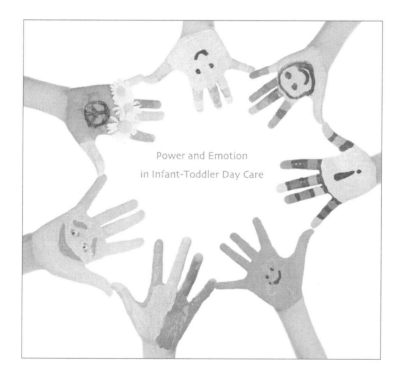

Power and Emotion
in Infant-Toddler Day Care

Power and Emotion in Infant-Toddler Day Care

by Robin Lynn Leavitt

Korean translation copyright © **2014** by Hakjisa Publisher, Inc.

This Korean translation of this book is made possible by permission of the
State University of New York Press © 1994, and
may be sold throughout the World.

◀◀ 역자 서문

　Froebel이 유치원을 설립하고 교육을 실천했던 1873년 이후 150여 년 동안 유아교육은 공교육의 제도권 밖에서 성장하면서 교육학이 아닌 발달심리학을 이론과 실천의 근거로 삼아 왔다. 그 결과 유아교육과정은 무엇을 왜 가르쳐야 하는지보다는 어떻게 가르쳐야 하는지에 대해 많은 관심을 쏟게 되었고, 보편적 아동발달의 개념에 근거한 교육 요소를 실행하면서 각 어린이들의 독특한 삶을 통제하는 결과를 초래하였다.

　최근 교육과정을 탐구하는 패러다임이 교육과정 개발에서 교육과정 이해로 전환되면서, 유아교육과정도 어린이들의 삶의 맥락에서 그 의미를 탐구하려는 움직임이 활발해지고 있다. 이러한 연구들은 교육을 삶의 과정으로 보고, 각 어린이들의 경험과 의미 있게 구성하는 순간들을 이해하고, 어린이의 목소리에 귀 기울이는 것을 강조하고 있다. 나아가 어린이들이 지내는 교실, 유아교육기관, 이를 둘러싸고 있는 제반의 사회제도들을 함께 고찰하면서 이 요소들이 유기적으로 상호작용하는 과정과 그 결과들을 밝히고자 한다.

이러한 연구 경향을 그대로 보여 주고 있는 이 책은 영아들이 경험하는 보육과정을 이해하려는 연구로서, 영아들이 자신과 주변 세계를 경험하고, 구성하는 순간들을 발달심리학이 아닌 해석학, 실존적 현상학, 상징적 상호작용, 비판 이론, 페미니즘, 포스트모더니즘 등의 관점으로 분석한 것이다. 저자는 사회적 존재인 영아들이 교사와의 관계를 통해 자신을 어떠한 모습으로 이해하면서 '아동'으로 성장하는지를 가감 없이 보여 줌으로써, 영유아를 위한 보육과 교육이 삶 그 자체로서 우리가 어린이들을 어떻게 이해해야 하는지 생각할 여지를 제공한다.

저자에 따르면, 연약한 존재인 영아들은 세계와의 관계를 체험하는 의식적인 방법, 즉 몸짓언어인 정서를 통해 능동적인 상호작용자로서 자신을 드러낸다. 그러나 이 책의 교사들은 영아를 정서적 노동의 대상으로 바라보고, 영아의 정서에 공감하지 못한다. 그리하여 영아를 보살피는 것이 아니라 영아를 관리하는 관리자로서 Foucault가 말한 권력들을 공간, 시간, 놀이의 통제라는 사회적 권력의 모습으로 구체화, 언어화하면서 영아들의 풍부한 경험과 자율성을 억압한다. 그 결과 교사들은 영아들을 대상화하고, 정서적으로 소외시키고, 영아들이 애써 형성하고 있는 자아를 박탈하고 있음을 밝히고 있다.

연이어 저자는 이러한 교사들의 모습은 교사 개개인의 능력 부족이나 잘못이 아니라 교사를 둘러싼 사회문화적 환경의 구조적인 문제임을 지적하고 있다. 이를테면, 보육교사에게 제2의 어머니로서의 보살핌과 동시에 전문가로서의 이성적인 중립성도 갖추기를 바라는 이중적인 사회문화적 태도, 어머니의 모델과 학교모델을 혼합한 모순적인 어린이집 모델, 하루 근무시간 중 잠시의 휴식도 허용하지 않는 근무조건, 자신의 정서를 억누른 채 영아의 끊임없는 요구에 반응해야 한다는 중압감 등은 교사들의 능력을 저하시키고, 교사 자신의 모습을 잃게 함으로써 자신보다 연약한 영아들을 통제하고, 인정하지 않고, 이해하지 않는 악순환으로 연결된다.

분명 어린이집을 포함한 유아교육기관은 부모를 위한 곳도, 교사를 위한 곳도 아닌 영유아, 어린이들을 위한 사회문화적 환경이다. 그러나 정작 이 환경에서 어떤 경험들이 벌어지고 있는지 어린이들의 일상적인 삶의 맥락에서 어린이들의 입장에서 그 경험을 이해하고 해석하려는 연구들은 그리 많지 않다. 이러한 점에서 하나의 이론이 아니라 다양한 이론의 관점으로 어린이집에서 영아들의 경험을 입체적으로 분석하면서 드러나는 모순과 이해를 담고 있는 이 책은 아주 매력적이다. 이 때문에 지난 몇 년간 대학원 교재로 사용해 왔고, 이 책에서 보여 주는 것처럼 유아교육기관에서 어린이들의 경험을 분석하는 연구가 많이 이루어졌으면 좋겠다는 작은 바람에서 이 책의 번역이 시작되었다.

번역이라는 것이 저자의 의도를 최대한 반영하여 독자에게 잘 전달해야 하는 작업인지라 저자의 원작과 관련 문헌들을 참고로 여러 곳에 역주를 달아 최대한 그 의도를 보충하고자 하였다. 그러나 번역서가 지니는 한계를 무엇인지 잘 알고 있기에 마지막까지 아쉬움과 우려는 어쩔 수 없다. 그럼에도 불구하고 이 책이 반복적으로 수정되는 긴 시간을 말없이 기다려 주신 학지사 김진환 사장님께 감사의 마음을 전하고 싶다. 함께 이 책을 읽고 조언을 아끼지 않고, 물심양면으로 지원해 준 모든 분께도 감사드린다.

◀◀ 차 례

권 력   55

정 서   97

제5장 정서적으로 민감한 보육에 권력 부여하기 131

제6장 영아 어린이집: 앞으로 나아갈 방향 169

제1장
연구를 시작하며

문제가 되는 경험, 권력, 정서
연구 가설
연구 방법의 특징
영아 보육에 대한 연구
요 약

제1장 연구를 시작하며

모든 숙고는 그 상황이 문제가 되거나 혼란스러울 때 시작된다.

– Dewey, *Experience and Nature*

이 텍스트는 영아(infant)와 걸음마기 영아(toddler)가 어린이집에서 체험하는 경험에 관한 연구다. 이 텍스트에서 경험이란 일상적인 상호작용 과정에서 권력과 정서가 엉켜 있어서 그 상호작용이 문제가 되는 경험을 말한다. 그리고 이 연구에서는 어린이집에서 정서적으로 민감하고, 권력 부여(empowering)적인 보육의 의미를 철학적으로 설명하고자 하였다. 문제가 되는 경험을 설명하고, 더 나은 긍정적인 경험을 상상하는 과정에서 다양한 이론—해석학, 상호작용주의, 비판 이론, 페미니즘, 포스트모더니즘—을 사용하였다. 이 장에서는 문제가 되는 경험 그리고 권력과 정서의 관계에 대해 자세히 설명하고자 한다. 그리고 이 연구의 가

설, 자료 수집의 특징과 관련된 정보, 영아의 어린이집에 관한 최근 연구의 논점을 제시하고자 한다.

문제가 되는 경험, 권력, 정서

이 연구에서 설명된 활동들은 일상적인 활동과 하루 일과를 운영하는 성인의 보살핌에서 영아에게는 사소하지만 뚜렷하게 나타나는 경험들이다. 문제가 되는 경험(problematic experience)은 Heidegger(1927/1962)가 설명한 용재적(ready-to-hand) 경험[1] ❶ 또는 당연하게 받아들이는(taken-for-granted) 경험[2]과는 다소 다른 경험이지만, 그렇다고 일과에서 실천되는 활동과 경험의 흐름을 단절시키는 경험은 아니다. Denzin(1989a)에 따르면, 이렇게 뚜렷하게 나타나는 문제가 되는 경험은 영아와 교사의 삶에서 일시적으로 일어나기 때문에 의미가 없다고 여겨지지만(또는 그 반대일 수도 있다), 영아-교사 관계에서 긴장, 갈등, 단절 등을 상징하는 경험이다. 이런 경험의 의미는 순간적으로도, 누적적으로도 심각하게 영아 자신뿐만 아니라 영아의 현재와 미래의 경험에 영

역주 ❶ Heidegger는 사물이나 현상을 대하는 태도를 전재성과 용재성으로 구분하였다. 전재성이란 사물이나 현상을 외관적·범주적·객관적으로 파악하는 태도인 반면, 용재성은 사물이나 현상을 실존적으로 인식하고 자기의 의지대로 이를 해석 및 활용하는 것을 뜻한다. 이에 비춰 보면, 이 연구에서 용재적 경험이란 영아가 자기의 의지대로 보육 환경에 실존적으로 참여하는 경험을 의미한다고 볼 수 있다.

향을 줄 수 있다.

이 연구는 어린이집 내에서 문제가 되는 관계에서의 권력에 특별히 초점을 두었다. "권력은 조작과 통제를 통해 인간관계에서 현실화되는 강요(force) 또는 사람들 간의 지배다."(Denzin, 1989a, p. 29) 다시 말해, 권력은 타인의 행동에 타인의 의사와 상관없이 타인이 아닌 자신의 의지를 강제하는 것이다(Weber, 1962). 권력은 일상적인 삶의 미시적인 관계에서도 존재한다(Foucault, 1980). 다시 말해, 권력은 어린이집의 하루 일과에도 존재하며, 영아와 교사 간의 정서적인 상호작용에도 존재한다. 이러한 Foucault의 견해에 근거하여 이 연구에서 권력이란 의식적인 의도나 결정의 수준에서 나타나는 것이 아닌 일상적인 실천에서 "권력 그 자체로 존재하며, 실질적인 결과를 생산해 내는 것"(1980, p. 97)을 뜻한다.

정서는 권력 관계에 수반되는 요소이며, 권력이 존재하는 경험이나 권력이 존재하지 않는 경험에도 포함되어 있다(Denzin, 1989a). 그래서 이 연구에서는 정서를 특정한 쟁점으로 삼았다. 더욱이 영아의 정서적 사회화는 사회적 자아의 출현과 복잡하게 얽혀 있다(Gordon, 1985). Denzin(1984)에 따르면, 정서는 개인의 사회적 세계에서 신체적으로, 의식적으로 경험한 자아감(self-feeling)으로 설명되기도 한다.[3] 교사들은 영아의 삶과 정서적으로 유의미하게 연관되어 있으며, 영아들이 영아 자신, 타인, 그들의 세계에 대한 이해를 발달시키는 데 관련된 '정서적 문화'로 정의되기도 한다(Gordon, 1989a, 1989b).

이 연구는 영아와 걸음마기 영아를 위한 어린이집의 양적 증가에도 불구하고, 영아들이 이곳에서 체험하는 경험에 관한 연구가 부족하다는 점에서 중요한 의의를 지닌다. 어린이집에 다니는 영유아 중 3세 이하 영아의 수가 가장 급격하게 증가하고 있다.[4] 처음 엄마가 된 전체 여성 중 50% 이상이 아기가 만 1세가 되기 전에 직장으로 복직한다(Child Care Action Campaign, 1988). 한 통계에 따르면, 3세 이하의 영아 중 5만 명 이상이 취업모의 자녀다(Friedman, 1990). 이 영아 중 다수의 영아들이 가정 어린이집에서 보육서비스를 받고 있지만, 기관 어린이집에 다니는 영아의 수도 점차 증가하고 있다(Hofferth & Phillips, 1987; Neugebauer, 1989).[5] 이 연구에서 필자는 이런 영아들이 좋지 않은 상황에 놓여 있음을 밝히고자 하였다.[6]

연구 가설

이 연구는 필자의 개인적인 경험과 신념에 기초하고 있다. 이 연구는 두 개의 가설을 설정하였다. 첫 번째 가설은 영유아 양육의 일차적 목적은 영유아에게 권력 부여를 해야 한다는 것이다. 즉, 영유아의 요구에 주의를 기울이고 정서적으로 안정적으로 반응하면서, 영유아가 사고하고, 의사소통하고, 자신감 있게 행동하는 능력의 발달을 지원하면서 영유아에게 자율적으로 행동하고, 선택하고, 자기-지시적인 기회를 제공해야 한다는 것이다. 이러한 권력 부여 과정은 영아기부터 시작되어야 한다고 필자는 주장한다.

한편 자율성은 서구 문화에서 오래전부터 발달의 목적으로 여겨져 오면서(최소한 이론적으로 말이다), 자립심 혹은 타인으로부터 자아를 분리하는 개념으로 정의되어 왔다(Gilligan, 1988; Kagan, Kearsley, & Zelazo, 1980). 필자는 자율성에 대한 관심만큼 관계성(connectedness) 또는 사회정서적 친밀감에도 관심을 가지고 있다. "영유아의 자아개념은 사회적 맥락 내에서 발달한다. 자율성은 애착 관계에서 성장한다. 자율성과 애착은 전경과 배경(figure-ground)의 관계❷이며, 두 요인이 동시에 작용하여 완벽하게 성인의 게슈탈트❸로 작용한다."(Shanok, 1990, p. 3)

두 번째 가설은 영아의 일상적인 경험은 그 경험의 결과만큼 중요하기 때문에 경험이 체험되는 그 자체로 영아의 경험을 고찰할 필요가 있다. 필자가 우려하는 것은 지금 현재 영아들이 누구인지, 영아들이 체험하는 현재 경험의 질은 어떠한지, 이런 경험이 미래의 발달과 능력에 어떤 영향을 줄 것인지 등에 대한 관심보다는 영

역주 ❷ 지각심리학 이론 중 하나로, 시야에 들어오는 많은 자극 중 일부의 자극만이 관심을 받게 되고 나머지 수많은 자극은 관심을 받지 못한다. 이때 관심을 받는 대상을 전경 혹은 피사체(figure)라 하고, 그렇지 않은 대상을 배경(ground)이라 한다. 즉, 동일한 자극이라도 무엇을 전경 혹은 피사체로 받아들이느냐에 따라 같은 현상이라도 서로 다르게 지각할 수 있다.

역주 ❸ 게슈탈트(Gestalt)는 20세기 초 독일에서 발전된 형태심리학의 'Gestalt Psychology'에서 나온 것으로 '형태' 또는 '전체적 모양'을 뜻한다. 즉, 부분의 성질은 전체에 대한 부분들의 관계에 의존하고, 부분의 질은 전체 속에 있는 부분의 위치, 역할 및 기능에 의존한다는 것이 기본 원리다. 따라서 전체는 부분들의 단순한 산술적 총합이 아니라 그 이상의 것이며, 부분들은 이러한 전체의 관계 속에서만 의미를 갖게 된다.

아가 장차 어떤 사람이 되어야 한다는 것에 더 많은 요구와 관심을 두고 있고, 또 이것이 우선시되고 있다는 점이다.[7] Clarke-Stewart(1977)는 "행복한 영유아기는…… 압박과 스트레스에서 자유로운 시기이며…… 영유아가 자기 자신 그 자체인 시기로, 스스로를 발견하고, 스스로를 표현하는 시기"(p. 83)라고 하였다. Dewey(1900/1956)는 다음과 같이 말하고 있다.

> 삶은 위대한 것이다. 아동의 삶, 그 시기와 그 삶의 모든 것은 성인들의 삶 이하로 측정되어서는 안 된다. 아동이 지금 무엇이 필요한지, 그리고 풍부하고, 가치 있고, 폭넓은 삶을 살 수 있는 방법이 무엇인지에 대한 지적이고 진지한 관심이 이후 미래의 성인이 된 후의 삶의 요구나 가능성과 충돌한다면 이것이야말로 이상한 것이다(p. 60).

연구 방법의 특징

우리는 우리가 본 부분만 이해한다.

– Parker, *Interpretive Research and Social Development In Developmental Psychology*

이 연구에서 언급한 영아와 걸음마기 영아의 세계는 인가를 받은 여섯 곳의 어린이집 중 12개의 영아 학급들로, 지난 7년간 일주일에 5~10시간씩 관찰하였다.[8] 연구 참여 어린이집은 교회 부설 비영리 어린이집, 영리 목적의 프랜차이즈 어린이집, 법인 어린이집, 민간 어린이집 등 다양한 유형의 어린이집이다.[9] 이 어린이집 중 네 곳의 어린이집에는 생후 6주 영아도 다니고 있었으며, 나머지 두 곳의 어린이집에는 15~24개월 영아가 취원하고 있다. 모든 연구 참여 어린이집은 하루에 10~12시간 동안 운영된다. 연구 참여 어린이집 중 한 곳은 '최고'라는 '입소문'이 난 시설로, 4년제 대학교 및 2년제 대학의 학생들이 실습을 하고 있다.

필자는 실습 학생들의 장학지도를 하면서 연구 참여 어린이집들의 프로그램을 관찰하였다. 이와 함께 필자가 관찰한 사례들, 대학의 보육 관련 과정에 소속된 실습 학생들이 기록한 현장 사례들, 개별 연구를 하는 학생들이 기록한 사례들을 활용하였다. 하루 일과 전체를 보기 위해서 영아의 등원에서 귀가까지 하루 일과의 여러 시간에 걸쳐서 관찰이 이루어졌다. 교사들과 학생들은 늘 필자가 기대하는 것 이상으로 알고 있었다.[10]

교실에서 관찰은 방관자적 관찰인 최소 참여부터 직접적인 참여까지 다양하게 이루어졌다. 이러한 참여 정도는 교사의 편안함 정도를 필자가 평가하여 결정하였다. 필자는 교사의 감정과 업무의 요구에 민감해지려고 노력하였다. 관찰 교실에서 직접적인 참여 방식은 교사들과 대화하기, 영아들과 이야기하고 놀이하기, 우는 영아를 안고 달래 주기, 안전을 위해 개입하기, 영아 집단 보육에서 늘 그렇듯이 상황이 매우 바빠질 때 필자가 할 수 있는 어떤 방법으로든 도와주기 등이 포함되었다.

이 연구에서 제시된 사례들은 몇 년 동안 연구 참여 어린이집에서 관찰된 상황이며, 필자의 해석과 이해를 위한 토대를 제공하였다. 관찰된 상황을 제시하면서, 필자는 관찰 학생들과 필자가 보고, 듣고, 경험했던 것을 독자가 보고, 듣고, 경험하도록 초대한다. Coles(1967)와 Polakow(1992)의 형식에 따라 필자는 독자들에게 이슈를 강조하고 부각시키기 위해 2∼3개의 유사한 사례들을 결합하여 합성된 그림을 제시하였다. 필자는 '시적화할 수 있는(poetizing)' 활동과 해석학적 현상학 혹은 문화기술적(ethnographic) 연구(Clifford, 1986; Manen, 1984, 1990)의 의도를 수용하였다. 이 과정에서 필자는 관찰된 사례들에서의 언어와 몸짓을 사실 그대로 전달하려고 하였다. 동시에 '문화적 세계로 텍스트화될 때' 잃어버리는 것이 있을 수 있으므로(Clifford, 1986, p. 119) 관찰 기록을 와전시키지 않으려고 주의하였다(해석학적 연구의 신뢰도에 대해서는 '부록'을 참조하기 바란다).

교사들은 이 연구의 목적을 다양하게 인식하였다. 필자가 맡은 대학에서의 장학지도 역할 덕분에 이 연구의 목적과는 별도로 연구 참여 어린이집과의 합법적인 관계를 유지하였다. 연구 참여 어린이집에서 필자는 학생들을 관찰하였지만, 학생들을 제대로 관찰하기 위해서는 전체적인 교실 활동도 필연적으로 관찰할 수밖에 없었다. 필자는 문서로, 그리고 구두(verbal)로 일부 어린이집 및 부모들과 이 연구의 목적을 공유하였다. 그러나 최근까지도 영아들의 일상적인 경험을 이해하려는 일반적인 바람을 넘어 버린 필자의 솔직한 의도와 목적을 스스로 정확히 파악하고 있지 못했다. 따라서 이 연구는 발현적인 프로젝트의 성격을 띠고 있다.

영아 보육에 대한 연구

영아 보육에 관한 선행 연구들은 이 연구의 의도와 목적을 맥락화하는 데 도움이 될 수 있다. 이러한 선행 연구 고찰은 연구물에 익숙하지 않은 독자들에게 배경지식을 제공하며, 일상적인 상호작용에서 권력 그리고 정서와 관련한 연구의 이슈들을 이해하도록 도움을 줄 것이다.

최근까지 과거 20년 동안 영아 보육을 연구해 온 연구자들은 "책임감 있게 그리고 양심적으로 보육이 이행된다면 숨겨진 심리적인 위험은 없을 것이다."(Kagan, Kearsley, & Zelazo, 1980, pp. 261-262)라는 결과에 일반적으로 동의한다. 다음 예들은 영아 보육에 관한 연구들이 밝히고 있는 공통적인 결론이다.[11]

결론적으로 연구 자료들은 집단 보육을 받는 영아와 어머니의 직접적인 양육을 받는 영아 간에 유의미한 차이가 없다 (Kilmer, 1979, p. 112).

아동 보육이 정서적 발달에 부정적인 영향을 준다는 주장을 지지하는 충분한 증거는 없다(Belsky, Steinberg, & Walker, 1982, p. 98).

이런 연구의 대부분은 어머니-아동 관계를 대신해 주는 보육에 대한 '효과'에 초점을 두고 있다. 어머니만 직접 아동을 양육해야 한다는 오래전부터 자리 잡고 있는 문화적 태도는 애착 이론에 근거한 연구에 의해 힘을 받아 왔다(Ainsworth, 1964, 1970, 1973, 1979; Ainsworth, Blehar, Waters, & Wall, 1978; Bowlby, 1958, 1969, 1973). 애착 이론의 관점에 따르면, 주 양육자인 어머니와의 애착은 어린 시절의 건강한 심리학적 발달뿐만 아니라 아동의 이후 능력과 사회적 관계에 중요한 것임을 밝히고 있다. "애착은 애정적인 끈으로, 한 사람이 다른 사람과 형성하는 것으로, 공간적으로 함께 묶이고 시간이 지나도 지속되는 것이다."(Ainsworth, 1973, p. 1)

동물행동학, 진화론, 정신분석학, Piaget의 발달심리학에서 유래한 애착 이론은 신체적인 보살핌과 사랑이 가득 담긴 관심을 받지 못해서 약해지고, 그래서 결국 사망했던 고아원 시설의 고아들을 관찰한 연구 결과에 의해 고무되었다(Karen, 1990). 취업을 하지 않은 중류층 어머니들에 대한 연구를 바탕으로, 애착 이론은 많은 영아 보육 연구에 영향을 주었다. 애착 이론의 장점은 이 장에서 논의하려는 초점과 별개의 논의[12]이지만, 영아 보육에 관한 연구들의 접근법과 한계점에 대해 몇 가지를 언급하려고 한다.

대부분 이런 연구의 주요 질문은 어머니와 장시간 격리된 영유아의 애착 결과에 관한 것이었다. 어머니-영아 애착 연구에서 연구자들은 Ainsworth가 고안한 21분간의 실험실 절차인 '낯선 상황'을 주로 활용하고 있다.

연구에 참여한 영아는 어머니와 반복적으로 격리되면서, 그리고 낯선 사람을 소개받으면서 스트레스 수준이 증가한다. 이런 실험실 상황에 깔려 있는 가정은 영아-어머니 애착 관계의 특징이 어머니와 낯선 사람에 대한 영아의 접근-회피 반응과 낯선 환경을 기꺼이 탐색하려는 의지로 나타난다는 것이다(Belsky, Steinberg, & Walker, 1982, p. 88).

영아의 행동 결과에 따라 영아는 일반적으로 어머니와 안정된 또는 불안정한 애착을 형성한 것으로 분류되며, 이런 절차에서 나타나는 패턴은 이후 사회정서적 발달의 예측 요인으로 간주된다. 영아가 보여 주는 불안의 표현은 어머니-영아 애착 관계에서 무언가 잘못된 것을 반영하는 것으로 생각되어 왔다(Kagan, 1979). 이렇게 치밀하게 고안된 실험실 절차들이 영아 보육 연구를 지배해 왔다. 실제로 '낯선 상황'을 적용하지 않는 연구들은 이 분야에서 찾아보기 힘들다. 낯선 상황 실험 사용은 다음과 같은 의혹에도 불구하고 지속되고 있다.

호기심을 돋우는 실험 절차에서 어머니, 교사, 낯선 사람들은 분명한 이유 없이 방을 들락거릴 뿐만 아니라 영아에게 평소에 하던 상호작용 방식을 시도하지 않는다(Rutter, 1981, p. 160).

일부에서는 이런 절차에 대한 타당도뿐만 아니라 어머니-영아 관계가 이후의 관계를 결정한다는 가설에 대한 예측도에 대해서도 의문을 제기하였다(Kagan, 1984, 1987; Lewis, 1987). 애착 이론의 이론적 가설들, 특히 예측(prediction)과 반대되는 개념으로 기술(description)과 관련된 가설에 문제를 제기하면서, Thompson (1987)은 "영아기의 안정된 애착 또는 불안정한 애착 그 자체가 아동의 특정한 심리사회적 결과를 필연적으로 이끈다고 말할 수 없다. 즉, 현재 보육의 질과 일관성이 더 중요하다"(p. 19; Thompson, 1988 참조)라고 지적하였다.

이런 이슈들에도 불구하고 애착 이론은 계속해서 보육 연구에 주요한 영향을 주고 있다. 그리고 최근에 연구자들은 "보육 경험이 어머니와 아동의 애착에 많은 영향을 주지 않는다."(Belsky, 1988, p. 250)라고 일치된 견해를 보여 주고 있다. 1986년 Jay Belsky는 「영아기 보육: 걱정이 되는 원인」이라는 논문을 출판하면서 Belsky 자신이 과거에 수행했던 연구 결과와 다른 연구의 결과에 도전장을 내밀었다. Belsky는 영아 보육에 관한 초기 연구에서 "어머니가 아닌 사람에게 받는 영아 보육 경험은 영아 발달에 결정적인 영향을 준다는 어떠한 결과도 거의 발견할 수 없다."라고 하였다. 특히 이 연구는 대부분 모델 프로그램, 대학 부설 프로그램, 연구 지향 프로그램에서 수행되었다(1986, p. 3). 그러나 Belsky(1986)는 자신의 연구 결과를 다시 검토하면서 초기 입장을 바꾸었다. 그리고 생애 일 년 동안 일주일에 20시간 이상 어린이집에서 보육 서비스를 받는 것은 '위험한 요인'이라고 말하면서 그 근거에 대해 다음과 같은 결론을 내렸다.

(이 시기의 보육 서비스는) 영아기의 불안정-회피 애착을 발
달시키고, 이후 유아기와 초등 저학년 시기에 공격성, 순응하
지 않는 태도, 위축 행동 등을 증가시키기 때문이다(p. 7).

Belsky의 1986년 논문은 많은 학자와 연구자 사이에 논쟁을 불
러일으켰는데, 이 논쟁은 「Zero to Three」(1987, 7[3]) 그리고
「Early Childhood Research Quarterly」(1988, 3 [3 & 4]) 등에 실렸
다. 또한 대중잡지인 「Parent」, 「The Atlantic」, 「Newsweek」,
「Time」(Galinsky & Phillips, 1988; Shell, 1988; Wallis, 1987; Winger
& Kantrowitz, 1990)과 유아교육의 현장 실천가 중심의 전문 저널
인 「Young Children」, 「Child Care Information Exchange」
(Howes, 1989; Phillips, 1987a; Belsky, 1989 참조)에 실리면서 대중
언론에 보도되었다. 이러한 논쟁은 영아기의 보육 경험이 미래의
사회적 · 정서적 발달에 과연 '위험한지'에 초점을 두고 있다.[13]

Belsky에 대한 대부분의 비판은 Belsky의 '선별적인' 문헌 고
찰과 인용된 연구 결과의 해석에 문제를 제기하면서 '낯선 상황'
의 타당성에 문제를 제기하는가 하면, '낯선 상황'에서 나타나는
아동 행동의 의미에 대한 Belsky의 해석에 의문을 제시하였다. 이
러한 문제 제기와 관련된 연구들은 아동의 개인적인 역사와 개별
적인 차이를 간과하고 있음을 지적하였다. 예를 들어, 매일 헤어
지고 다시 만나곤 하는 보육 경험이 있는 영아들은 실험실에서의
상황을 다르게 인식한다. 따라서 이 영아들의 낯선 상황에서의 행
동을 다른 영아(가정에서 양육을 받는 영아)들의 행동과 동등하게

해석해서는 안 된다는 것이다.

또한 이런 비판은 영아기의 보육 경험 결과에 대해 '우리는 아직 알지 못한다.'고 말하거나(Thompson, 1987, p. 20), '복합적이고 모순적인' 결과들을 '좀 더 신중해야 하거나 제한된 결과'라고 정당화하는(Phillips, McCartney, Scarr, & Howes, 1987, pp. 19-20) Belsky의 성숙하지 못한 결론에 대해 경고하고 있다.[14]

이어서 영아 어린이집 논쟁에서 늘 제기되는 세 개의 상호 관련된 이슈를 논의하고자 한다. 이 이슈들은 이 연구의 필요성과 목적을 잘 보여 주고 있다. 이 이슈에서는 어머니-아동 관계에 대한 불균형적인 초점, 정서 발달에 대한 제한된 개념, 영아의 일상적인 경험에 대한 부적절한 관심 등을 다룬다. 이 이슈들은 어린이집 논쟁에 대한 이데올로기적 특성을 그대로 반영한 것이라 할 수 있다.

어머니-아동 관계에 대한 초점

여성의 역할에 대한 역사적 · 시대적 경향은 보육의 역사와 발전뿐만 아니라 우리 사회의 이념적인 망(web)을 파악하려는 학자들의 연구에도 영향을 준다. 보육은 우리 사회의 아동관이 어떤지, 그리고 여성에게 요구되는 모습은 무엇인지를 묻게 한다(McCartney & Phillips, 1988). Locke, Rousseau, Jefferson에 의해 시작된 전통적 관점을 고수하면서 동시에 정신분석이론의 지원을 통해 애착 이론은 어머니라는 존재가 아동 발달과 경험에서 영향을 주는 핵심적인 사람임을 부각시켰고, 은연중에 어머니들에게 집에 머무르는 역할을 강조해 왔다(Karen, 1990). 영유아기에 이루어지는 모든 발달에서 어머니-아동 관계의 중요성을 강조하는 연구들은 오직(주로) 어머니만이 아동을 양육했던 특정한 역사적 시기에 이루어진 아동 관찰 결과들을 인용하면서, 어머니가 가장 적합한 양육자라는 규범적인 처방을 도출해 내고 있다(Grubb & Lazerson, 1982). 즉, 아기들은 반드시 어머니의 양육이 필요하다는 논지를 반복적으로 제시하고 있다(예: White, 1981 참조). 다음의 설명을 생각해 보자.

> 아무리 잘 훈련된 전문가라도 돌보는 아기를 그 어머니만큼 아는 것은 불가능하다. 아무리 기술이 능숙한 전문가라 하더라도 태어날 때부터 어머니가 주는 정보만을 축적한 아기를 잘 알기는 어렵다(Glickman & Springer, 1978, p. 113).

결론적으로, 보육에 대한 많은 우려는 어머니가 가정 밖에서 일할 때 어머니-아동 관계가 격리되는 결과에 대한 것이다. 이러한 우려는 아버지가 직업을 가진 경우에는 제기되지 않는다. 어머니는 아동 양육에 반드시 필요한 사람으로 간주되고, "좋은 직업은 가정에서 아버지의 도움 없이 할 수 있는 일"(White & Watts, 1973, p. 242)이라는 것이 일반적인 믿음이었다. 더욱이 Phillips(1987a)가 지적했듯이, 노동 계층 여성은 직업을 가져야 하고, 상류층 여성들은 아동 양육을 위해 다른 사람을 양육자로 고용하여 도움을

받던 시기에는 어머니-아동 관계에 대한 관심이 좀처럼 이슈화
되지 않았다. 그러나 정작 가정에서 양육을 맡고 있던 중류층 어
머니들이 취업모가 되고 그 수가 증가하면서 보완적이거나 대리
적인 성격의 아동 보육이 우리 사회에서 여성의 역할에 대한 이데
올로기적인 논쟁에서 대중적인 이슈로 등장하고 있다.

McCartney와 Phillips(1988)에 따르면, 보육에 대한 이데올로기
의 본질은 여성, 어머니, 가족에 대한 역사적이고 사회적인 개념
에 맞추어 논쟁이 되고 있다. 또한 최근까지도 우리 사회에서 "모
성이 아닌 여성의 다른 역할은 비정상적인 것으로 묘사되고 있
다."(p. 157)라고 지적하였다. 결과적으로 적절하지 않은 모성 또
는 "결핍의 결과를 조정하려는 부모의 의지가 함께하지 않는다면
보육 서비스는 가족에게 지원적이고 보완적인 서비스라고 말하기
어렵다."(p. 158)는 것이다.

모성에 대한 사회적·정치적 이데올로기는 어머니-아동 애착
이론의 과학적 연구에 명백히 반영되어 있으며, 아동 보육 연구
에 큰 역할을 하고 있다(McCartney & Phillips, 1988). 애착 이론은
아동의 정서 발달이 어머니의 역할에 달려 있다고 주장한다. 이
에 근거한 아동 양육 연구들은 어머니-아동 관계에 집중적으로
초점을 맞춘다. "(어린이집처럼) 공동으로 아동을 양육하는 것은
적응하기 힘든 환경이라고 설명된다. 그래서 어린이집이 불안정
한 애착을 초래하는지 여부를 논의한다."(McCartney & Phillips,
1988, p. 164) 애착 이론가들은 영아들이 다중 애착 능력을 가지고
있음을 인정하지만, 이 관점을 보여 주고 지지하는 연구는 거의

수행되지 않았고, 어머니에게 초점을 맞추는 편견을 그대로 드러
내고 있다(Lewis, 1987).

어머니에 대한 이런 지나친 강조는 '낯선 상황'을 너무 많이 활
용하면서 더욱 분명해졌고, 그 낯선 상황 실험에서 아버지의 참여
는 매우 드물다(필자가 알기로, 어린이집에 대한 평가에도 아버지의
존재는 발견되지 않는다). 일부 연구(예: Chase-Lansdale & Owen,
1987; Jones, 1985; Lamb, 1976)를 제외하고, 자녀와 아버지의 정서
적 관계는 간과되고 있다. 즉, "영유아 보육은 '아버지 상실'의 맥
락을 결코 설명하지 않는다."(McCartney & Phillips, 1988, p. 158)
그래서 어머니는 홀로 자녀의 발달을 책임져야 한다.[15]

보육의 결과로서 아동 발달에 대해 특별하게 관심을 두는 것은
이데올로기적인 갈등을 감추는 것이다. 수사학적 담론은 영유아
에 대한 우려스러운 언어로 표현되지만, 이러한 우려는 어머니의
책임에 초점을 둔 맥락으로 대치된다. 아동 보육 논쟁은 어머니가
자녀와 싸우는 전쟁터로 변한다. 애착 이론과 문화적 가치는 환경
과 관계없는 아동 경험의 특성(nature)과 질(quality)에 대항하면서
점점 증가하는 어머니의 취업 결과에 대해 우려를 표출하고 있다.
예를 들면, 관련 연구들은 어머니의 고용 때문에 발생 가능한 아
동 발달에 관한 결과(예:Benn, 1986; Hoffman, 1984; Lamb, 1982;
Rubenstein, 1985; Weinraub, Jaeger, & Hoffman, 1988) 또는 '어머
니가 돌보지 않는 보육의 해로운 결과'(Belsky, 1986, p. 63)를 반
복적으로 제시하고 있다. 이러한 결과들은 다양한 연구 관점을 나
타내는 용어인 '가족 외' 또는 '보완적인' 집단 보육의 질을 탐구

하려는 관점과 반대되는 입장에서 늘 인용된다. Patricia Smith (1990)에 따르면, '일하는 어머니'라는 어구에서 '어머니'는 중립적이고 기술적인(descriptive) 용어가 아니다. 다시 말해 '일하는'이라는 수식어는 '어머니'라는 존재란 돈을 벌기 위해 집 밖에서 일하는 어머니가 아니라 집 밖에서 일하지 않는 결혼한 전업주부를 기준으로 하고 있다는 것이다. 우리는 '일하는 아버지' 또는 '부성 고용'이라는 어구는 좀처럼 사용하지 않는다. 특히 영유아 발달에 대한 우려와 관련된 표현에서는 더욱 그렇다.[16] 언어는 그 현상에 관한 태도를 반영하고 유지하면서 명시되지 않은 규범과 내포된 가설을 보여 준다. 이런 방식으로 수사학적 연구는 보육에 대한 정치적인 논쟁을 이끄는 이데올로기를 드러낸다.[17]

정서 발달에 대한 제한된 개념

영아 보육 연구가 애착 이론과 낯선 상황 실험 절차에만 그 근거를 두고 있는 한, 영아의 정서 발달에 대한 개념과 평가는 극히 협소할 수밖에 없다. 정서와 정서적 관계는 고정된 현상이 아니다. "정서와 정서적 관계는 맥락 밖에 있을 수 없으며, 분류될 수 없고, 수치화될 수 없다. 정서와 정서적 관계는 과정적이며…… 시간과 공간에 근거를 두고 있다."(Power, 1986, p. 261)[18] Kagan이 보여 주듯이 낯선 상황은 어머니와 영유아 간의 정서적 역사를 거의 드러내지 않고, 불안정한 애착을 지나치게 강조하여 부모-아동 관계의 다른 측면을 무시한다(Karen, 1990에서 인용, Kagan, 1979 참조). 또

한 정서적 관계는 (다른 영유아를 포함해서) 영유아들이 또 다른 정
서적 관계를 맺을 수 있으며, 이런 관계가 정서 발달에 공헌할 수
있음을 간과하고 있다(Lewis, 1987 참조). 애착 이론에 근거한 연
구들은 영유아가 어린이집에서 맺는 관계의 특성과 어린이집에서
겪는 정서적 경험의 유형이 무엇인지는 철저하게 무시해 왔다
(Calder, 1985, p. 252).

영아의 정서 발달에 대한 이해를 증진시킨 애착 이론의 공헌을
고려해 보면, 이는 아이러니한 결과다. Karen(1990)이 설명했듯
이 행동주의의 전성기에 꽃핀 애착 이론은 우는 아기를 안아 주는
것은 우는 행동과 의존적인 행동을 강화시킨다는 자극-반응 이론
에 대한 반박으로서 그 당시 매우 혁명적인 이론이었다. 이 애착
이론은 아동의 자율성과 능력의 발달을 위해서는 주 양육자에게
서 받는 신체적 그리고 정서적으로 따뜻한 보살핌이 결정적으로
중요하다고 주장하였다. 즉, 안정적인 애착은 성장, 신뢰감, 독립
심의 기초가 된다는 것이다.

애착 이론에 따르면, 영아는 출생부터 사회적이며, 영아의 모든
발달 과정은 대인 간의 상호작용으로 얽혀져 있다. 실제로 주 양
육자의 따뜻한 상호작용 없이 영아는 '잘 자라지' 못한다(불행히
도 이 양육자는 의심할 여지없이 어머니다). 영아는 보살핌의 수동적
인 수혜자 또는 성숙이나 환경의 과정에 있는 전적으로 지배받는
존재가 아니라, 인간관계에 둘러싸여 상징적인 상호작용에 참여
하는 능동적인 역할을 한다고 인식되었다. 영아의 사회화는 성인
과 영아가 관계에 기여해야 하는 호혜적인 과정이다. 애착 이론은

지속적인 보살핌의 중요성뿐만 아니라 영아를 이해하고 반응하는데 있어서 관찰, 해석, 감정이입 등의 역할이 중요하다고 강조하였다. "보살핌 그리고 관계의 반응성으로 나타나는 애착 형태를 발견하면서, Bowlby는 상호 헌신하는 과정으로서 관계의 과정을 시각화하였다." (Gilligan, 1988, p. 10)

필자가 겪는 어려움은 애착 이론의 이런 전제 때문은 아니다. 실제로 이 전제들은 이 텍스트에서 제시된 사례들의 해석 과정의 기초를 제공하였다. 이 전제들은 영아와 타인의 관계 그리고 타인과의 경험의 중요성, 특히 영아의 발달 그리고 사회화와 관련된 영아의 정서적 삶의 중요성 때문에 다른 이론적 견해(예를 들어, 상징주의 그리고 해석학적 현상학)와 비슷한 수준에서 다루어졌다.

이런 공헌에도 불구하고 애착 이론은 길을 잃은 것 같다. 첫째, 주 애착 대상을 어머니만으로 삼고 있으며, 둘째 정서적 관계를 수치화하려는 Ainsworth의 시도도 문제가 있다. Ainsworth의 초기 연구의 상당 부분이 '실제 환경에서 실제 아동'을 연구하는 '질적' 관찰이었으나, 그녀의 21분짜리 낯선 상황 실험 절차는 아동의 가정에서 72시간 관찰한 것보다 더 많은 것을 밝힐 수 있다고 하였다(Karen, 1990, p. 47). 이처럼 Ainsworth와 그의 동료들은 정서와 성인-아동 관계의 연구를 탈맥락화하였으며, 정서 발달 그리고 보육의 결과로서 어머니-아동 격리에 대한 이슈를 (전적으로 애착 이론을 활용하여) 불균형적으로 강조하고 있다.

경험에 대한 부적절한 관심

선행 연구들은 낯선 상황뿐만 아니라 다른 실험 절차들을 활용하면서 연구 결과를 양적화하는 지배적인 경향을 보여 준다. 이는 연구자들의 용어—주 효과, 결과, 시간 표집, 빈도, 변수, 통계적 의미, 평균치, 측정, 상관관계 등—에서도 그대로 드러난다. 그리하여 다양한 표준화된 테스트들과 (준 실험 연구인) 애착 연구들을 평가하면서 아동 발달에 대한 결과 측정을 상당히 강조한다.[19]

애착의 '효과'를 양적화하려는 경향이나 보육 연구에서 이데올로기에 초점을 둔 연구들은 보육 프로그램에서 영유아들이 체험하는 경험에 대해서는 상당 부분 부적절한 관심을 갖게 하였다. 다시 말해, 그 초점들은 부모와 격리되어 있는 동안 영유아에게 어떤 일이 일어나는지보다는 부모와의 격리로 인한 결과에만 치중했다는 것이다. Pawl(1990a)이 말했듯이 격리 그 자체는 큰 부분 중 일부분일 뿐이며, 더 중요한 이슈는 영유아들의 순간순간의 경험이다.

어린이집에서의 영아의 경험을 이해하는 것은 격리의 이슈와 주요하게 관련되어 있지 않지만, 때론 관련된 것처럼 보인다. 사실 보육에 대한 이슈는 영유아의 경험보다는 부모의 경험에 더 초점을 두고 있는 것 같다. ……중요한 것은…… 오랜 시간 동안 영아는 자신이 가지고 있는 감정이 영향력 있으며, 존중받고, 이해되는 방식으로 보살핌을 받아야 한다는 것이

다. 만일 이런 보살핌이 부모와 교사 모두에게서 이루어진다
면, 우리는 덜 걱정해도 될 것이다(pp. 1-5).

일부 연구는 보육 프로그램의 질과 영유아의 일상적인 경험에
초점을 두어 수행되었다. 이런 연구들은 '질적' 방법을 통해 자료
를 수집한 후 아동과 교사의 행동을 조작화, 부호화, 양적화하고
있어서 영아와 교사의 행동에 대한 내용과 맥락이 충분하게 제시
되고 있지 않다. 예를 들어, 한 연구(Galluzzo, Matheson, Moore, &
Howes, 1988)에서는 미소 짓기, 웃기 등과 같은 행동은 긍정적인
행동으로, 화내는 행동이나 저항을 표현하는 행동은 부정적인 행
동으로 정의하고 있다. 이처럼 단순하고 탈맥락적인 부호화 절차
들은 분노나 저항의 표현 행동이 걸음마기의 긍정적인 발달의 성
취, 즉 독립심과 자율성이 발달한 결과로써 분리와 개별성의 지표
가 될 수 있다는 생각을 놓치고 있는 것이다. 이 점을 고려해 볼
때, 이러한 연구 절차들은 보육 환경에서 아동과 교사의 행동의
의미에 대한 맥락적인 이해를 제공하지 못한다고 볼 수 있다.

또한 선행 연구들은 보육의 효과를 측정하는 데 있어서 방법론
적 문제 및 제한점, 연구 대상 및 연구 설계의 한계, 보다 정교하게
설계되고 통제된 연구들에 대한 요구, 보다 정교한 부호화 범주,
세밀한 점수화 그리고 임상적으로 민감한 측정 등이 부족하고 부
적절하다고 지적하고 있다.[20] 동시에 생태학적 타당도에 대한 우
려도 나타낸다.[21] Guttentag(1987)은 다음과 같이 서술하고 있다.

이러한 논의에서 두드러지게 빠져 있는 것은 영유아의 직접적인 관점에서 양육 조건을 평가한 내용이다. ……경험의 질에 대한 영유아의 관점을 철저하게 무시하는 것은 영유아의 감정에 대한 타당성을 부인하려는 것이다. 보육의 효과로서 미래의 기능화를 측정하기보다는 다른 측면에서 영유아 양육의 질을 평가하는 데 힘써야 한다(p. 21).

요 약

이 장에서 필자는 영아 어린이집에서 권력과 정서 간의 문제가 되는 관계에 초점을 두어 이 연구의 목적을 서술하였다. 그리고 연구 가설과 자료 수집의 특성을 설명하였다. 또한 보육 분야 연구의 제한점을 검토하면서 이 연구의 중요성을 제시하였다.

제2장
이론 및 철학적 관점

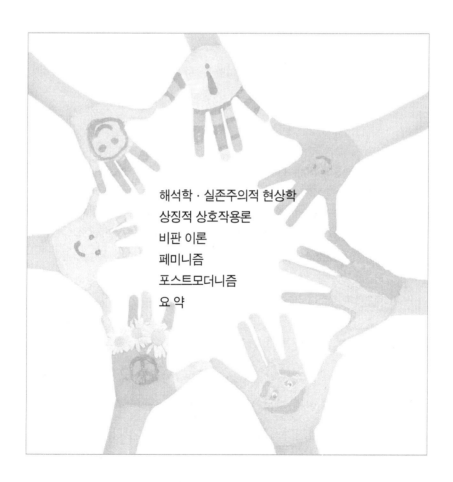

해석학·실존주의적 현상학
상징적 상호작용론
비판 이론
페미니즘
포스트모더니즘
요 약

제2장 이론 및 철학적 관점

어떻게 아동의 경험을 이해할 수 있는가? ……(우리는) 우리가 한때 지냈던 문화로서 아동기를 마음 깊이 간직하고 있지만, 현재 그 문화에서 멀리 떨어져 있음을 인정하고, 아동기에 대한 인류학자가 되어야 한다. ……연구자가 실천해야 하는 해석학적 과제는 의미와 이해를 탐구하는 것이다. …… 성인 '연구자'로서의 과제는 아동의 일상적인 경험의 존재론적 배경을 드러내고, 경험에 걸맞은 실재성(實在性)을 부여함으로써 그런 경험들을 권력으로 보게 하는 것이다.

- Polakow, The Erosion of Childhood

이 연구는 개방적인 탐구로 시작한다. 현상학적 연구의 경향에 따라 필자의 첫 번째 질문은 "어린이집에서 영아들이 체험하는 경험의 본질은 무엇인가?"하는 것이다. 영아들은 상황과 타인을 분리할 수 없으므로, 이에 따른 두 번째 질문은 "교사들에게 이런 영아들의 경험은 무엇인가?"다. 연구 과정 동안 현상을 지속적으로 되돌아보면서 문제가 되는 경험, 권력, 정서와 관련된 질문과 이해는 보다 정교화되었다.

이 장에서 필자는 필자의 아동관, 연구 과정에 대한 시각, 권력 및 정서와 관련된 문제가 되는 경험에 대해 해석의 토대인 이론적 배경과 철학적 틀을 살펴보고자 한다. 여기에는 해석학, 실존주의적 현상학, 상징적 상호작용론, 비판 이론, 포스트모더니즘, 페미니즘 등을 포함한다. 그러면서 이러한 이론들이 이 연구에 기여하는 바를 요약하면서 마무리하고자 한다.

이런 관점들의 이론적 내용과 적용된 내용은 그 이론들을 전개하고 주장한 학자들에 따라 다양하다는 것을 인식하는 것은 중요하다(Denzin, 1989a). 따라서 여기서의 논의는 앞의 이론들의 내용 중 아동이 체험하는 경험에서 이 연구와 관련된 부분만을 다루기로 한다. 그것이 이 연구에 대한 필자의 입장이다.[1] 각 이론들의 경향에 대한 역사적인 전개 내용이나 현재의 흐름에 대한 더 많은 설명은 이 연구의 범위를 넘어서는 것이다. 관심 있는 독자들은 텍스트와 주석을 통해 인용된 자료를 찾아보기 바란다.

해석학 · 실존주의적 현상학

현상학적 연구는 일상적인 상황에서 타인이 구성한 경험을 이해하고, 거기서 발견할 수 있는 주제들을 기록하려고 시도한다. 현상학적 연구의 목적은 타인의 상황에 대해 인식하고 감식하는 것이다. ……아동의 세계는 매우 중요한 곳으로, 현상학적 연구는 우리에게 권력이 없는 경험 그리고 권력이 있는 경험을 알게 해 주는 데 유용하다.

– Barritt, Beekman, Bleeker, & Mulderij
A Handbook for Phenomenological Research in Education

현상학(Phenomenology)[2]은 직접적인 경험—우리의 '삶의 세
계'(Husserl, 1913/1962, 1970)—이 우리에게 부여하는 것이 무엇
인지를 설명하려고 한다. 이는 경험을 통해 이루어지며, 우리는
의미를 끌어내는 '세계 내 존재(being-in-world)'(Heidegger,
1927/1962, 1982)다.

체험된 경험을 이미 의미 있게 경험한 것으로 이해하는 것은 현
상학적 과업인 기술(description)에 의미(meaning)라는 해석을 결합
함으로써 해석학적 현상학의 기초를 마련하는 것이다. 해석은 경
험의 의미를 분명하게 해 주며, 이해를 위한 기초 작업이다
(Denzin, 1989a). 실존주의적 현상학은 행위와 실천에 관심을 두며,
경험의 영역을 우리의 세계 내 존재의 초석으로 간주한다. 개인은
탐구할 것과 선택으로 가득 찬 일상 세계와 직면하면서 역사와 사
회적 과정을 구성하는 의식적이고, 의도적이며, 능동적이고, 선택
하는 존재로 이해된다. 이 연구에서는 이 관점을 영아에게도 확장
시켰다. 즉, "타인과 상호작용하는 실천적인 문제에 동기부여되면
아동은 자신이 해 왔던 것을 뒤돌아보고, 숙고해 보고, 해석한다."
(Packer & Mergendollar, 1989, p. 71)

해석학적 관점[3]에서는 인간 존재를 인간이 연구하는 세계의 일
부분이라는 필연적인 사실과 인간 실존에 대한 관계적이고 사회적

인 측면에 근본적인 관심을 둔다. 더욱이 세계 내 존재는 세계를 알아가는 주체다. 즉, 일상적인 실제들은 지식의 기원으로서, 우리가 누구인지, 우리가 무엇을 구성하는지, 우리가 우리의 세계 내 존재를 구성한다는 것이다(Parker, 1987). 해석은 존재와 분리되거나 중립적인 것이 아니라, 존재와 관련되고 몰입하면서 시작된다(Packer & Addison, 1989a, 1989b). 따라서 연구는 불가피하게 가치 의존적으로, 이해는 역사적으로, 의미는 맥락적으로 일어난다. 우리는 우리 자신과 해석을 분리할 수 없다. 우리는 이미 무언가를 이해하고 해석하면서 그것을 바라본다. 거기에는 항상 당연하게 여기는 가설이나 과거에 형성한 실천적인 이해가 존재한다. 해석과 이해는 서로 얽혀 있으며 과정적이고, 시간에 따라 발전하며, 언어에 의해 속박되고, 과거에 형성한 이해와 합쳐진다. 이것이 '해석학적 순환(hermeneutic circle)'이다. 해석학적 관점은 불완전한 실천에 대한 이해와 해석의 불가피한 다원적인 관점을 인정한다.

'문화기술지(ethnographic)' 또는 '심층적인 기술(thick description)'[4]을 통해 해석학적 연구들은 그 상황에서 겪는 경험에 의미를 부여하고 이해하기 위해 '연구를 통해 느끼고, 살아나고, 경험하는 세계'를 드러내고 밝혀내고자 한다(Denzin, 1982, p. 22; 1989b). '사회적 행위와 사건은 특정한 맥락 또는 사회적 환경에서 의미를 갖게 된다.' (Packer, 1987, p. 2)는 것을 인정하는 해석학적 접근법은 행위와 사건이 발생하는 환경에서 진행되는 과정으로서 보육을 설명한다. 기술과 해석을 통해 영유아와 교사들이 체험하는 상황적인 경험은 독자에게도 의미가 있고 이해할 수 있는 경험이 된

다(Denzin, 1989a). 연구자들은 일상적인 세계—그들이 연구하는
세계, 이 연구에서는 영아 어린이집—에 연구자 자신을 몰입시켜
서 이런 실존적인 삶의 세계의 토대가 되는 영역들—체험된 공
간, 체험된 시간, 체험된 신체, 체험된 인간관계—에 초점을 둔다
(Manen, 1990; Merleau-Ponty, 1962 참조).

이 연구에서 필자는 이런 체험된 영역인 시간, 공간, 신체, 인간
관계 등이 권력과 정서적인 격리에 의해 어떻게 영향을 받는지 탐
구하고자 한다. 특히 필자는 Polakow의 영유아 보육에 대한 현상
학적 연구(1992), 그리고 시간적 엄격함에 대해 그녀의 연구 결과
를 참고했다. 아울러 영아에게 문제가 되는 경험, 뚜렷하게 나타
나는 정서적 경험, 어린이집 환경이라는 정서적 문화 등을 해석하
면서 대상화, 순차성, 소외 등을 연구한 Sartre(1939/1962, 1943/
1956, 1960/1963, 1960/1976)의 이론을 부분적으로 참고하였다.

상징적 상호작용론

인간 존재란 대상에 대해 가지고 있는 의미를 바탕으로 대상을 향해 행동한다.
- Blumer, *Symbolic Interactionism*

인간의 경험은 사회적 상호작용의 복잡한 네트워크 속에서 이
루어진다는 해석학적 입장은 상징적 상호작용론에서 말하는 사회
적 상호작용, 그리고 주관적인 해석의 중요성과 밀접하게 관련되

어 있다.[5] 상징적 상호작용론에 따르면, 인간의 행동은 자기 지시적(self-directed)이어서 "인간의 상호작용은 상징의 사용, 해석, 서로의 행동에 대한 의미 확인 등을 통해 매개된다."(Blumer, 1969, p. 79)[6] 다시 말하면, 상호작용은 현재적인 해석의 과정에 의해 매개된다는 것이다. 의미는 타인과의 상호작용에서 발현되며, 상호작용에 영향을 미친다. 따라서 상징적 환경은 공유된 환경이다(Shalin, 1986). 우리의 자아 지각, 감정, 행위들은 타인이 우리를 어떻게 보고, 어떻게 느끼고, 우리에게 어떻게 행동하는지를 지각함으로써 매개되는 경향이 있다.[7]

상징적 상호작용론의 관점에 따르면, 아동기의 사회화는 "결말이 없는 과정으로, 이 과정은 각각의 상호작용 에피소드마다 협상되고, 잠재적인 문제를 내포하기도 한다"(Denzin, 1977, p. 3).[8] 영아들은 사회적 세계에 바로 투입된다. 영아들은 다른 사람과 관계를 맺으면서 경험을 통해 상징적 행동의 세계에 입문한다. 신생아의 미세한 표현은 부모, 형제, 낯선 사람들의 반응을 이끌어 낸다. 영아는 인간관계의 주고받기를 통해 파트너가 되어 간다(Snow, 1989). 상호작용적인 에피소드를 통해 형성되고 구축되는 관계들은 사회화의 연결 수단이다. 아동의 자아는 언어로 매개되는 사회적 상황에서 사람들 사이에서 일어나는 유동적인 상호작용에서 비롯된다. 상징적 몸짓 같은 대화는 영아와 교사를 연결해 준다. 비록 비언어적이지만, 영아는 표현적이며 의사소통적인 상호작용자로서 사회적 상황에서 사회적이고 정서적인 존재다. 영아는 사회화 과정에서 능동적인 참여자이지만, 자신의 몸짓과 다른 사람

의 몸짓에 부여하는 의미는 교사가 영아에게 부여하는 반응과 몸
짓에 의해 크게 영향을 받는다. 확대해 보면, 영아는 교사가 자신
에 대해 갖는 감정을 지각하면서 자신에 대해 알게 되고 느끼게
된다.

해석학적 연구자들처럼 상징적 상호작용자들도 '집단 생활과 실
행'이 이루어지는 환경에서 집단 생활과 실행을 연구한다(Blumer,
1969, p. 47). 그리고 우리가 우리 자신을 어떻게 보는지, 우리가 타
인을 어떻게 보는지, 우리가 우리를 보는 타인을 어떻게 생각하는
지 등의 관계에 관심을 갖는다(Manen, 1990). Goffman(1959, 1961,
1967)의 연구처럼 이 연구는 부분적으로 상호작용론자의 관점에
서 권력을 고찰하고자 한다. 즉, 상호작용론자의 관점에서 교사가
영아들을 어떻게 생각하고, 이해하고, 다루는지를 설명하고자 한
다(Becker, 1973 참조).

한편 상호작용론 관점은 정서에 대해서도 논의하고 있다(Denzin,
1984, 1985; Gordon, 1981, 1989a, 1989b; Power, 1985a, 1985b,
1986; Shott, 1979 참조). 상징적 상호작용론에서 정서는 "개인이
가지고 있는 구인(construction)과 정의(definition) 내에서 나타나
는 것"(Gordon, 1985, p. 141)으로, "세계 내에서 개인의 위치를
정해 주는 실천적인 활동들의 토대"(Denzin, 1984, p. 32)다. 영아
의 정서적인 사회화는 영아의 사회적 자아의 출현과 얽혀 있다.
정서와 관련된 에피소드들을 돌이켜 보면, 영아는 수용되는 행동
과 수용되지 않는 행동이 무엇인지를 교사에게서 학습한다. 그리
고 영아는 Hochschild(1979, 1983)가 말한 '감정의 규칙'

(Hochschild, 1979, 1983)을 학습하며, 어떻게 '정서를 작동해야' 하는지도 학습한다. 이러한 상호작용론자들의 관점은 어린이집의 정서적인 문화에 대한 해석을 위해 정서적 노동 개념을 도입한 Hochschild의 연구(1979, 1983)에 잘 나타나 있다.

비판 이론

> 중립적인 교육과정, 그런 건 없다.
> – Shaull, Freire의 *Pedagogy of the Oppressed* 서론에서

영유아의 권력 부여를 비판 이론의 관점에서 고찰해 보자. 비판 이론에 따르면 의미와 상황을 구성하는 것, 즉 '세계에 이름 붙이는' 것은 그 세계를 보는 인간의 자유다(Freire, 1970, p. 76). 비판 이론가들은 사회적 통제들의 유형을 고찰하면서, 시간과 공간이 어떻게 신체를 조직하고 관리하는지, 그리고 제도화된 권력이 어떻게 사회적 정체성을 생산하는지에 관심을 가진다(McLaren, 1989). '사회적 상황에서 권력의 현사실성(facticity, 現事實性)'은 비판 이론의 기본적인 전제다(Rabinow & Sullivan, 1979, p. 15). 해석학적 관점이나 상징적 상호작용론 관점과 유사하게 비판 이론에서도 인간은 개인적인 삶과 사회적 세계를 구성하는 능동적인 행위자다(Comstock, 1982). "개인은 부분으로서 사회적 세계를 창조하기도 하고, 사회적 세계에 의해 창조되기도 한다."(McLaren,

1989, p. 166)[9] 이와 같은 변증법적 모순은 비판 이론의 특징이라 할 수 있다.

비판 이론 관점에서 이루어진 연구들은 연구 대상자들의 삶의 세계나 삶의 문제 그리고 연구 대상자들의 상호 주관적인 이해 등을 출발점으로 삼는다. 이 연구는 어린이집의 일상적인 일과와 관례들을 생산하는 헤게모니(Giroux, 1981)를 탐색하고 있으므로 '비판적'이라 할 수 있다. 필자는 억압적인 실제와 이데올로기가 영아와 교사들을 어떻게 문화화하고 복종시키는지를 설명하고, 저항의 장소들을 발견하고자 하였다.

해방적인 실천과 이해에 관심을 두고 있는 비판적 교육학 연구들은 Freire(1970, 1985), Giroux(1981, 1991a, 1991b), McLaren(1986, 1989, 1991) 그리고 그 밖의 여러 다른 연구에서 찾아볼 수 있다. 이들 대부분의 연구는 연령이 많은 학생과 성인을 대상으로 하고 있다. 연령이 많은 학생은 유능한 대화 참여자로서 자신이 경험하는 헤게모니의 가면을 벗기는 데 참여할 수 있다. 그러나 아직까지 비판 이론 연구들은 어떤 지점에서, 그리고 어떤 방식으로 영아들이 '문답(dialogue)'이나 '대화(conversation)'에 참여하는지, '그들의 세계에 이름 붙이기'를 하는지 파악하지 못하고 있다. 또한 성인이 문화 접변, 사회화, 교육적 차원에서 영아들을 위해 어느 범위까지 '이름 붙이기'를 해야 하는지에 대한 연구도 이루어지지 않고 있다.

발달적 차이는 있지만, 비판 이론의 어느 범위까지가 어린이집의 영아에게 적용할 수 있는지는 분명하지 않다. 영아의 경험을 해석하기 위한 핵심 질문은 어떻게 교사가 영아의 삶에 들어오는지, 어떻게 영아에게 '목소리'를 부여하는지, 어떻게 영아가 '그들의 세계를 이름 붙이는지' 등이다. Polakow(1992)의 연구 이외에 비판 이론 담론에서는 영아기의 경험, 아동기의 경험, 어린이집의 경험들이 사실상 배제되어 왔기 때문에 이 연구에서는 비판적 교육학 관점을 확장하여 앞의 경험들을 탐구하고자 하였다.

　연구자가 이해한 것을 기초로 연구 참여자들을 대면하는 것은 해석학적 · 비판적 연구의 기본이다(Denzin, 1989a; Comstock, 1982). 이 연구에서는 교사들의 입장을 대신하는 교사의 목소리, 교사의 사고, 교사의 언어를 많이 제외하였다. 이 연구는 비판적 연구이지만, 교사들이 자신을 이해시키고자 하는 대화를 많이 다루지 않은 연구다. 이와 관련된 제한점은 6장에 설명하였으며, 최근 연구에서 이러한 누락에 대해 서술하였다(Leavitt, 1993a, 1993b 참조).

페미니즘

> 과학의 방법과 결과 그리고 통제에 대한 과학의 이상은 결코 성(gender)에 대해 중립적이지 않으며, 무관심하지 않다.
> ‒ Hein, *The Feminist Challenge to Science*

이 연구는 페미니즘에서 지원과 영감을 얻었다. 해석학적 관점

과 유사하게 페미니즘 이론의 상당 부분은 체험한 경험의 중요성
을 이해하기 위한 배경을 제공하며, 개인에게 그들의 행위와 상황
에 부여하는 의미를 이해하도록 돕는다.[10) 페미니즘이 개인의 삶
에 지적인 의미를 부여하기 위해서 개인의 경험에 관심을 가지고
이를 통합한다는 점에서 해석학적 현상학과 유사하다고 볼 수 있
다.[11) 이러한 과정에서 감정, 주관성, 친밀감, 사랑 등이 이성, 객
관성, 자율성, 권력이라는 남성적이며 과학적인 덕목과 병치되는
것을 부적합하다고 여기지 않는다. 이러한 작업들은 오히려 페미
니스트의 탐구를 더욱 풍성하게 한다고 생각한다.

　여성과 성(gender)의 관계에 대한 역사적이고 정치적인 구인
(construction)은 페미니스트 철학의 핵심이다.[12) 이와 관련된 질문
은 가부장적인 현대사회의 맥락에 관한 것이다. 현대사회의 권력
관계, 특히 성에 기초한 권력 관계가 핵심적인 이슈다. 이런 관계
가 어떻게 가시화, 현실화되는지, 그리고 이러한 권력 관계가 개인
이 일상적으로 체험하는 경험에 어떻게 영향을 주고, 어떻게 통제
하고, 어떻게 경험을 형성시키는지 등에 페미니즘 이론가들은 관
심을 두고 있다. 특히 이런 경험이 여성에게 문제가 될 때 그러한
경향은 더욱 두드러진다(D. E. Smith, 1979, 1987 참조).

　페미니스트 이론은 설명과 이해를 넘어서서 여성의 권력 부여와
(특히 페미니스트) 대안 개발을 강조하고 있다. 인간은 사회적 변화에
개입하고 변화를 야기할 수 있다는 신념에 기초하기 때문에 페미니
스트 철학을 변혁적인 활동으로 여기기도 한다(Gatens, 1986). 이해
하기와 권력 부여 둘 다 주로 '의식-발화'를 통해 성취되거나 개

인이 겪는 경험—특히 이런 경험이 성 때문에 문제가 발생할 때—
에 대한 비판적 반성을 통해 달성된다.[13]

 필자가 여성 교사에 대해 관심을 두고, 일상적인 상호작용의 흐
름에서 여성인 교사들이 부딪히는 문제에 관심을 갖게 되면서 페
미니즘 이론을 끌어들였다. 교사들이 처한 문제 상황에 관심을 보
인 것은 주로 페미니스트 연구자들이었다. 또한 페미니스트적 관
점은 영아의 어린이집(1장)에 관한 지배적인 관점, 특히 어머니와
영아의 애착 관계에 초점을 둔 연구들을 해체하는 데 적용되고
있다.

 어린이집 내에서 보살핌과 보살피는 행위의 의미를 구성하고
해석하면서 필자는 인간 존재의 사회적·정서적 상호 의존성을
강조하는 최근의 페미니스트 철학을 지지하게 되었다. 페미니즘
에서는 두 개의 성(sex) 모두에게 '존재의 관계', 우리 자신과 타
인 간의 연관성, 우리의 안녕을 위한 보살핌 역할의 중요성 등을
강조한다(Gilligan, 1982, 1988; Gililgan & Wiggins, 1988; Grimshaw,
1986). 모성기와 보살핌에 대한 페미니스트 연구는(예를 들어,
Noddings, 1984, 1992; Diller, 1988; Ruddick, 1983, 1987, 1989) 보
살핌의 관계에서 상호 주관성, 정서성, 감정이입, 특수성, 타인의
세계에 들어가기 등의 중요성을 지적한다.[14] 이런 관점에서 자율
성과 권력 부여는 특정한 맥락에서 모순된 관계가 아니라 의존적
인 관계가 된다.

포스트모더니즘

우리가 의도와 상관없이 의미를 전달하기 위해 무엇을 쓰든 간에 우리의
언어는 우리가 의미하는 것을 표현할 수 없다.

– Harvey, *The Condition of Postmodernity*

포스트모더니즘은 학문 분야에서 불분명한 경계를 보이는 정의
내리기 어려운 용어다(Featherstone, 1988; Harvey, 1989; Kellner,
1991).[15] 포스트모더니즘은 제2차 세계대전 이후 신념과 정당화
의 위기, 개인적인 것과 공적인 것의 혼란이라는 역사적인 시대정
신이자 서로 견제하는 이론적 담론의 절충적인 혼합으로 이해되
기도 한다(Denzin, 1986a; Giroux, 1991a; Mills, 1959).[16] 수많은 저
자가 포스트모더니즘과 페미니즘 간의 유사점을 설명하고 있다
(예: Diamond & Quinby, 1988; Flax, 1987; Fraser & Nicholson,
1988; Morris, 1988; Nicholson, 1989; Owens, 1983; Sawicki, 1988).
비슷하게 해석학과 포스트모더니즘의 공통점도 주목받고 있으며
(Caputo, 1987; Madison, 1990), 어떤 학자들은 이론적인 모순에도
불구하고 포스트모더니즘과 비판 이론을 연결하려고 한다(Giroux,
1991a, 1991b, Kellner, 1991; Lather, 1991; McLaren, 1986, 1991).
이 연구는 확실성, 정초적인 지식, 선험적이고 객관적이고 비역
사적이고 절대적인 진리, 보편적인 합의 등에 대한 탐구가 아니라
는 점에서, 그리고 이에 대한 추구를 포기했다는 점에서 '포스트

모더니즘'적이다. 포스트모던 관점에서 가치중립적이거나 고정된
사실이란 존재하지 않는다. 과학을 "인간이 이야기를 말하는 특
정한 방법, 체험한 경험의 세계를 재구성하는 하나의 특정한 방
법"(Madison, 1990, p. 46)으로 간주한다. 이 연구에서 제시한 설
명은 '이야기들'로, 다른 사람들과 필자의 경험에 대한 필자의 구
성물이자 표상이며 필자의 해석이므로 허구(fiction)에 불과하다
(Clifford, 1986; Denzin, 1989b, 1990 참조). 필자의 의도는 절대적
인 의미를 포착하는 것이 아니라 특정한 초점에 의해 해석된 이야
기를 제공하고, 통찰력을 제시하는 것이다.

포스트모던적 연구는 우리가 당연하다고 여기는 이해에 대해
의문을 갖게 하고, 문제점을 인정하고, 모순점을 밝히려 한다. 포
스트모던 탐구의 관점에서, 필자는 이 연구를 전개하면서 이해의
복잡성과 모순점이 증가하고 있음을 감안하여 감히 분명한 결론
이나 종결을 시도하지 않았다(Hoy, 1988).

여기서 적용된 텍스트의 선택적인 선별은 학문적 경계가 모호한
포스트모던의 특징을 반영하였다. 어떤 해석도 원작자의 진실이
아니며, 어떤 방법도 이해를 위한 방법이 아니라는 포스트모던적
관점을 채택하였다. '포스트모던적 쓰기'(Lather, 1991)는 전체화하
는 것, 그리고 고정된 의미를 피하는 것이다.[17] 포스트모던적 문화
기술(ethnography) 연구처럼 영아와 교사에 대한 필자의 묘사는 단
편적이다(Tyler, 1986). 이러한 '내러티브적 포착'에는 직접적으로
표상할 수 없는 상당한 경험, 사고, 정서 들이 담겨 있다(Denzin,
1990).

어린이집에서 영아의 경험은 포스트모던 아동기로 묘사된다 (Denzin, 1987b; Leavitt & Power, 1989). 포스트모던에서 "자아는 갈등과 투쟁으로 구성된다."(Giroux, 1991a, p. 30) 아동의 경험에 대한 포스트모던적 해석을 통해 이 연구에서는 영아의 발달 그리고 영아 자신, 타인 및 주변 세계 등을 이해하는 과정에서 문제가 되는 구성을 밝히고자 한다. 이러한 포스트모던의 문화기술지적 접근은 소외된 집단으로서의 영아의 발달 상태, 상황적인 타자성, 영아의 처지 등을 조명하게 한다.

특히 영아와 교사 간의 권력 관계가 문제가 되는 경험이 될 수 있다는 포스트모던적 해석은 Foucault(1975/1979a, 1980)의 저서에 잘 나타나 있다. Foucault는 자아란 억압되고 소외되었다는 정초적인 자아에 대한 개념, 그리고 자유라는 주제에 대해 문제를 제기하였는데(Foucault, 1984/1988), 필자는 이러한 Foucault의 인식을 이 연구에 적용하였다. Fraser(1989)가 주지했듯이, "Foucault의 관점에서 자율성, 호혜성, 상호 인식, 존엄성, 인간의 권리라는 개념을 지향하는 비판을 위한 정초(foundation)는 없다."(p. 56) Foucault는 "권력은 소유되기보다는 실행된다."(Foucault, 1975/1979a, P. 26)는 이론을 통해 사람들이 어떻게 권력의 관계, 미시적인 권력 관계를 형성하는지를 발전시켰다. 이러한 Foucault의 관점은 이 연구의 텍스트인 교실 현장의 해석에 영감을 주었고, 동시에 정보를 제공하였다.

불확실성 또는 의미의 부재 그리고 지속적인 해체 등을 강조하는 포스트모던적 담론은 상대주의적 공허감—더 나은 사회에 대한 비전이 없고, 인간 주체를 위한 공간도 없고, 급격한 사회적 변화와 합리적인 행위를 의미 있게 이해하거나 가치를 주장하는 방법이 없는—속에 인간을 내버려 둔다는 비판을 받고 있다. 동시에 무시되었던 목소리의 진정성을 인정하였지만, 이런 목소리에 접근해서 권력을 부여할 수 있는 담론으로까지는 끌어올리지 못했다(Harvey, 1989). 왜냐하면 인간 행위는 애매모호하며, 심지어 부정될 수 있기 때문이다(Colapietro, 1990). 이런 주장은 포스트모던적 관점만으로는 영아의 경험에 대한 이해를 전개하거나 '영아를 어떻게 보육해야 하는가?'라는 질문에 대답하기에 부적절함을 보여 준다.

이런 점 때문에 포스트모던 담론에서 한걸음 물러서서 해석적 상호작용주의, 비판주의, 페미니즘적 담론으로 다시 돌아가려고 한다. 이러한 관점의 전환을 통해 필자는 모더니스트들의 관심—자율성, 권력 부여, 호혜성 등—과 이슈를 잘 파악하게 되었다.[18] 모더니스트는 인간의 장래성과 잠재력, 쇄신과 변화 등을 믿는 사람들이며, 우리 시대의 모순에 개입하려는 사람들이다(Berman, 1988). 따라서 이 연구의 일부 가설과 초점은 모더니티의 관점이지만, 이를 이해하기 위해서 필자는 포스트모던적 관점을 취하였다.

해석학적 관점은 인간 주체를 자기반성적이고, 해석적이고, 능동적이고, 상호작용적인 의미 구성자로 보게 한다. 비록 인간 존재는 사회적·역사적·정치적·경제적 상황 내에서 구성되고 제한을 받지만, 동시에 그런 상황에 대해 비판적인 이해를 발달시키며, 그런 상황을 변화시킬 수 있다고 믿는다. 자기 지시적인 행위자, 계몽, 권력 부여 등을 강조하면서 해석학, 상호작용주의, 비판이론, 페미니즘은 '비판과 가능성의 언어'를 제공한다(Giroux, 1991a).[19] Giroux(1991b)가 묘사한 '저항의 포스트모더니즘'(p. 232)은 사회 변혁에 대한 믿음을 보여 주는 것이며, 이 세상에서 우리가 공유하는 경험과 우리 자신에 대해 의미 있는 이해를 전개하는 데 있어 결속감, 공동체, 연민 등이 핵심적인 요소임을 지적하고 있다.

요 약

모든 주제는 유용하다. 모든 주제를 적용하는 것은 정당하며, 모든
방법은 실행 가능하며, 모든 간학문적 연결은 접근 가능하다.
— Cohen와 *Dascal*의 *The Institution of Philosophy*에서
Castaneda, *Philosophy as a science and as a world view*

이 장에서 필자는 연구를 시작하기에 앞서 이론 및 철학적 배경을
고찰하였다. 이런 다양한 담론의 가치는 각 담론의 시사점에 근거하여
자아, 타인, 사회적 세계 등에 대한 우리의 이해에 도전하는 연구 과정
에서 잘 나타날 것이다. 각 담론의 시사점은 영아와 교사를 의미 구성
자로서 보는 관점을 설명해 준다. 즉, 영아와 교사들은 함께 행동하고,
잠재적인 문제를 만들어 내고, 자신을 발견하는 지엽적이면서도 광범
위한 사회적 상황에 의해 구성되고 제한받는 의미 구성자들이다. 해석
학, 상호작용주의자, 비판 이론, 페미니즘, 포스트모던 담론은 관찰과
해석에 대한 가치 의존적인 맥락을 보여 준다. 특히 일상적인 경험이
문제가 될 때, 특정한 개인이 처한 상황적이고, 현재 진행중인 일상적
인 삶의 경험에 대한 해석과 이해는 그 경험이 일어나는 직접적인 맥
락 내에서 전개되어야 한다. 이 과정에서 나타나는 이해는 사회적 구
성물이며, 가치 의존적이고, 역사적으로 특정적이며, 경험을 토대로
해야 하며, 항상 불완전한 것으로 다루어져야 한다.

영아가 체험하는 경험에 대한 이런 다원적인 접근법은 최종적이고,
통합적이고, 일관적인 이론적 접근법을 시도하는 전체론적인 접근법
으로 인식되어서는 안 된다. 다원적인 접근법은 메타이론과 단 하나의
방법으로 추론하는 연구 방식을 거절하는 포스트모더니즘의 입장을
반영하고 있다.20) 다원적인 접근법은 필자가 이해하고자 하는 특정한

문제와 상황에 적합한 방법을 재단하기 위한 실용적인 요구이며, 지속적으로 제기되는 이해의 다양성과 모순을 인식하게 해 준다.

이제까지 이러한 관점은 주로 성인의 삶에 초점을 두고 있었다. 성인과 영아 간의 발달 차이, 그리고 상황 차이에도 불구하고, "영아가 보여 주는 행동은 성인이 보여 주는 관례적으로 실행된 행동과 연속적이므로 모두 사회적이다."(Denzin, 1977, p. 93) 또한 영아는 주변 세계에 참여하면서 경험에 의미를 부여하는 의미 구성자다. 따라서 어린이집에서 영아가 체험하는 경험에 대한 연구에 이러한 다원적인 이론을 적용하는 것은 성인과 영아가 함께 존재하는 공간인 삶의 세계에 대한 이해를 전개하는 데 있어 이론 적용의 가능성을 탐구하는 작업이라고 할 수 있다.

이러한 다원적이며 해석적인 접근법은 영아가 체험하는 경험에 대한 생생한 기술과 유동적인 해석을 가능하게 한다. 이런 접근법들은 일시적이고 불완전하지만, 영아와 교사를 위해 좀 더 민감하고 권력 부여적인 세계를 창출하려는 노력으로 영아의 생활 세계에 대한 의미를 구성하게 한다. 그래서 철학적 설명과 이해는 희망적이고 실천적이다.

목적은 접근하는 것이며, 그다음은 문제로 보이는 것이 무엇인지를 기술하는 것이다(Coles, 1967, p. 41).

제3장
권 력

제3장 권 력

시간은 신체에 스며들어, 권력의 모든 치밀한 통제를 가능하게 한다.
– Foucault, *Discipline and Punish*

제3장에서 필자는 영아와 교사 사이에 문제가 되는 권력관계를 명백하게 밝히고자 하며, 관련 사례들을 제시하려고 한다. 필자는 영아의 삶의 시간적 · 공간적 영역을 제한하는 제도로서 보육 환경에 대한 묘사부터 시작할 것이다. Harvey(1989)가 기술했듯이, "공간적 그리고 시간적 실제는 사회적 사건처럼 결코 중립적이지 않다."(p. 239) Goffman, Foucault, Polakow/Suransky가 이미 설명한 것처럼 필자는 공간과 시간의 차원에서 영아의 신체에 대한 교사들의 언급이 영아의 일상적인 삶에서 얼마나 깊고 널리 퍼져 있는 사회적 권력인지를 보여 주려고 한다. 이 연구에서 제시된 사례들은 교사들이 하루 일과를 엄격하게 운영하면서, 그리고

영아의 놀이를 통제하고 제한하는 방법으로 그들의 권력을 실행하면서 어떻게 영아에게 문제 상황을 창출하는지를 보여 준다. 또한 교사의 권력에 저항하는 영아의 노력이 어떻게 무산되는지도 설명한다. 그다음에 교사들이 보여 주는 착취적인 권력을 묘사하면서, 발달적이고 변혁적인 권력과 비교하고, 어린이집의 세계에서 영아의 처지를 보여 주는 경험을 한층 더 심도 있게 고찰하면서 이 장을 마무리하고자 한다.

공간적 체제

공간은 모든 권력 실행의 근본적인 요소다.

– Foucault, *The Foucault Reader*

오늘날 어린이집에서는 2~3명의 교사들이 매일 8~16명의 영아들을 책임지고 있다. 영아는 주(state) 기준에 따라 편성된 학급에 배정된다. 주 기준은 연령에 따라 교사-영아 비율 및 최대 집단 규모를 정하며, 낮잠 공간과 놀이 공간을 겸하는지에 따라 1인 영아당 최소한 35~55평방피트(3.2~5.1 제곱미터)를 배정하고 있다. 새 건물은 교실 실내에서 실외놀이 공간을 연결하는 출입구를 갖추어야 하지만, 교회 건물에서 프로그램을 운영하는 시설은 이런 출입구를 갖추기가 쉽지 않다. 예를 들어, 필자가 방문했던 가장 큰 규모의 시설은 영아의 공간을 한 층 위에 배치하였고, 실외

놀이터는 없었다. 이 시설의 교사들은 때때로 영아들을 가까운 공원에 데리고 가지만, 제일 어린 영아들은 하루 종일 한 공간에서만 지내야 한다(반면 교사들은 짧은 쉬는 시간을 갖는데, 이때 교실 밖으로 나갈 수 있다).

이런 시설 중 일부 시설은 밝은 벽 색깔과 그림으로 꽤 활기차게 꾸며져 있어서 겉보기에는 행복한 공간인 것처럼 보인다. 나머지 시설들, 일반적으로 교회 부설의 낡은 교실들은 '학교'와 더 유사하며, 심지어 황량해 보이기까지 한다. 어떤 교실은 놀잇감을 분류하여 선반에 갖추어 놓았지만, 공간에 대한 실용적인 관점을 보여 준다. 교실의 배치는 보육 일과에서 필요한 것들에 의해 주로 결정된다. 예를 들어, 영아 교실은 영아용 침대와 영아용 의자들을 벽 앞에 놓거나 줄지어 정렬한다. 걸음마기 영아 교실은 간식 및 식사 시간과 미술 활동을 할 때 필요한 책상들과 낮잠 시간에 필요한 접이식 침대들이 쌓여 있다.

하루 일과의 대부분(10시간 또는 그 이상)은 교사에게 부여된 권한에 따라 영아의 삶의 모든 측면—자고, 놀고, 먹고—이 한 장소에서 이루어진다. 이것이 영아가 체험하고 느끼는 공간이다. 이렇게 제한되고 배치된 물리적 환경은 '포위'의 조건, 즉 '그 자체로 폐쇄된' 공간을 제공하여(Foucault, 1975/1979a, p. 141), 영아는 '억제'와 '감시'라는 최초의 권력 실행을 경험하게 된다.

두 개의 걸음마기 영아 교실은 이동식 칸막이로 나뉘어 있다. 영아들이 도착하는 아침 시간에는 칸막이가 설치되지 않아 개방

적이다. 아침 간식 시간이 끝나면, 걸음마기 영아들은 교실의 반
쪽에 해당하는 한쪽 공간에 모여 앉는다. 오늘 Gordie는 나머지
반쪽인 다른 교실 공간으로 걸어가려고 했다. 실습교사가 자리로
돌아가야 하는 이유를 설명하려고 Gordie에게 다가가기 시작했
다. 실습교사가 Gordie에게 다가가기도 전에 교사가 큰 소리로 말
했다. "Gordie, 지금 당장 돌아와!" Gordie는 깜짝 놀라 겁을 먹
고, 영아들이 모여 있는 공간으로 돌아왔다.

이 사례처럼 분명하게 구분된 경계 범위 내에서 영아의 이동성
은 억제되고 제한받는다. 공간은 영아들이 자유롭게 움직이며 자
신을 확장하게 하는 곳이 아니라 오히려 이동성을 제한하는 곳이
다(Suransky, 1977, p. 299).

매일 아침과 오후, 걸음마기 영아들은 지하 체육실에서 놀이
한다. 교사들은 체육실 한쪽에 한 줄로 놓인 의자에 앉아서 영아
들을 보고 있다. 영아들은 그 의자를 '선생님 의자'라고 말하며,
자신은 거기에 앉을 수 없다고 말한다. 그곳에 '영아용 의자'는
없다. 오늘 Jill이 빈 의자에 올라갔다가 내려오라는 말을 들었다.
"이 의자들은 누구를 위한 것이지?" 교사가 Jill에게 물었다. "선
생님이요." Jill이 대답했다. "좋아, 가서 놀아." 교사가 지시했다.

어린이집 공간의 구성은 훈육의 실제를 위한 것이며, 동시에 훈
육은 공간을 조직한다(Foucault, 1975/1979a). 이는 다음 사례에서

도 나타나는데, 교사들은 교실의 배치를 통해 영아의 활동을 통제하며, 영아가 사용할 수 있는 자료도 통제한다.

걸음마기 교실의 놀잇감 선반의 높이는 약 4.5피트(약 137cm)다. 영아들은 낮은 선반에 있는 놀잇감을 선택할 수는 있지만, 높은 선반 위에 있는 놀잇감은 교사가 허락할 때만 사용할 수 있다. 교사는 영아들에게 "선생님은 '너무 많은' 놀잇감들이 밖으로 나와 있는 것을 원하지 않는단다."라고 말했다.

Toya(6개월)는 영아 침대의 한쪽에 묶여 있는 'busy box'(영아용 놀잇감으로, A3 크기의 플라스틱 판에 영아들이 쉽게 조작할 수 있는 5~7개 정도의 놀잇감들이 고정되어 있다)를 가지고 노는 것을 좋아한다. 그러나 낮잠 시간에 Toya가 그것을 가지고 놀려고 하자, 교사는 "안 돼!"라고 말했다. 왜냐하면 "Toya가 자야 하니까."라고 교사는 설명했다. Toya가 낮잠에서 깨어났을 때도, Toya는 또 다시 이 놀이를 금지당했다. 왜냐하면 'Toya는 다른 아기들과 함께 카펫에 있어야' 하기 때문이다. 교사는 Toya를 위해 카펫으로 busy box를 가져다주지 않았다.

이 교실의 선반 위에 놓인 유일한 놀잇감은 몇 권의 책과 몇 개의 Fisher-Price 회사의 놀잇감들이다. 선택 과정은 매일 똑같다. 소꿉놀이 영역이 있지만 영아들은 교사가 허락할 때만 놀 수 있다. 매일 교사가 창고에서 'bristle block'(일종의 쌓기 블록)이나 입고 놀이할 수 있는 옷 등 새로운 놀잇감을 하나씩 꺼내 와 소개하는 특별한 절차가 있는데, 전체 영아들이 이 놀잇감들을 함께 사용하거나 순서를 기다려야 한다. 영아들은 이런 놀잇감을 가지고 놀이할 수 있지만, 제한된 시간 동안 감독을 받아야 한다. 영아들은 교실의 한 영역에서만 놀잇감을 가지고 놀아야 한다. 필자는 교사에게 왜 조작 놀잇감과 다른 놀잇감들을 매일 이용할 수 없는지를 물었다. 교사는 그런 놀잇감은 특별한 경우에만 사용된다고 대답하였다.

억제와 감시 이상으로 권력은 앞 사례들처럼 어린이집 환경 내에서 영아의 활동과 일과 운영에서 분명하게 실행되고 있었다. 이것이 Foucault(1975/1979a)가 말한 '훈육 시간'이다(p. 151).[1]

훈육 시간

> 시간은 하나의 선(line)이 아니라 의도성들의 네트워크다.
> – Merleau-Ponty, *The Phenomenology of Perception*

어린이집에서 영아의 일과는 빡빡하게 계획되어 있고, 미리 정해진 시간에 따라 하나의 활동이 끝나면 그다음 활동으로 넘어간다. 활동의 전체적인 순서는 형식적으로 규칙화한 체계의 영향을 받는다. Foucault(1975/1979a)는 이를 '순차적인 공간(serial space)'

의 조직이라고 설명한다(p. 147). 영아들의 일과표는 전형적으로 '보육적인' 일과에 따라 먹기, 자기, 기저귀 갈기 등으로 조직된다. 이런 일과 사이사이에 영아들은 영아 그네나 자리에 앉아 '놀이'를 한다.

영아들이 더 성장하면(약 15개월), 일과에 더 많은 것이 추가된다. 이런 일과에는 전형적인 교사 지시적 활동인 이야기 나누기 시간, 미술 또는 음악 활동이 포함된다. 일과표 또는 시간표(Foucault, 1975/1979a, p. 149)는 종종 벽에 붙어 있으며, 그 예는 다음과 같다.

걸음마기 영아의 하루 일과

7:30~8:30   등원/교실에서 자유놀이

8:30~8:50   집단 시간(오늘의 날짜, 이야기 나누기, 손 유희)

8:50~9:20   아침 식사

9:20~9:30   정리 정돈/화장실 가기

9:30~10:30   교사 지시적 활동(예: 미술, 음악)

10:30~11:00 실외놀이 또는 체육실

11:00~11:20 자유놀이

11:20~11:30 손 씻기와 화장실 가기

11:30~12:00 점심

12:00~2:30   낮잠

2:30~3:00   화장실 가기

3:00~3:15	간식
3:15~3:30	집단 시간
3:30~4:00	교사 지시적 활동
4:00~4:30	실외놀이 또는 체육실
4:40~5:00	화장실 가기
5:00~5:30	자유놀이

이런 일상적인 활동은 집단 형태로 이루어진다. 즉, 영아들은 다른 영아의 동료이며, 모든 영아는 비슷하게 대우받으며, 다 함께 똑같은 것을 해야 한다. Goffman(1961)은 이러한 현상을 '집단적인 편제(collective regimentation)'(p. 6)라고 설명하고 있다. 영아들은 집단적으로 일과표가 지시하는 대로 매일 15개 활동 또는 그 이상의 전이 활동을 포함한 활동을 수행해야 한다. 일과표는 교사에게 주어진 순간에 따라 무엇을 해야 하는지를 말해 주고, 영아에게는 마음대로 행동을 시작하거나 조직해서는 안 된다는 것을 암시한다(Denzin, 1973b).

활동들의 순차성은 그 시간 동안 전체적으로 권력의 지배를 가능하게 한다. 세부적인 통제와 일반적인 개입의 가능성은…… 시간의 매 순간마다(이루어지며)…… 권력은 시간과 직접적으로 연결되어, 분명하게 시간을 통제함으로써 시간을 사용하게 한다(Foucault, 1975/1979a, p. 160).

시간과 권력 간의 관계는 영아의 경험을 지시하는 일과표에서 다음에 제시된 사례들로 잘 나타난다.

오늘 아침 많은 걸음마기 영아가 이미 아침을 먹고 등원하였다. 그러나 등원 후 아침 식사가 바로 제공되었고, 모든 영아는 책상에 앉아야 했다.

낮잠 시간까지는 한 시간 정도 남았지만, 영아들은 점심시간 30분 전부터 이미 잠들기 시작했다. 그러나 영아들은 점심시간 내내 깨어 있도록 강요받았다.

교사는 모든 영아가 오후에 낮잠을 자야 한다고 주장한다. Kim(6개월)은 오늘 오후 1시간 30분 정도 일찍 잠을 잔 후, 놀잇감이 놓여 있는 카펫에 만족스럽게 앉아 있었다. Kim이 졸려한다거나 짜증을 낸다는 어떤 징후도 없지만, 교사는 Kim이 낮잠을 자야 한다고 했다. Kim의 놀이는 방해를 받았고, Kim은 아기 침대로 옮겨졌다. Kim은 담요를 입으로 빨면서 눈을 크게 뜬 채로 조용히 누워 있었다. 30분 후에 Kim이 울기 시작했고, 필자가 Kim을 침대 밖으로 나오게 하려고 했다. 그러나 교사는 "안 돼요, Kim은 결국 잠들 거예요."라고 말했다. Kim은 울기 시작했고 10분이 지나자 큰소리를 지르기 시작했다. 필자가 Kim을 앉게 하려고 했지만, 교사는 그냥 두라고 했다. Kim은 결국 자야 할 것 같았다. Kim이 울기 시작한 지 20분이 넘자, 교사 중 한 명이 Kim을 앉게 하더니 우유병을 주었다. Kim은 나머지 시간 동안 그렇게 있었다. Kim은 총 한 시간 동안 침대에 있었으나 한 번도 눈을 감지 않았다.

전반적인 제도에 대해 설명한 Goffman에 따르면, 하루 일과의 조직과 운영에 깔려 있는 이론적 근거는 '순서화된 일과에 순응하면서 영유아는 안정을 찾을 수 있으며, 영유아의 발달에도 도움이 된다.'는 것이다. 다음 사례를 살펴보자.

걸음마기 영아들은 점심을 먹고 난 후, 손 씻고 이 닦기 순서가 호명될 때까지 자리에 앉아 있어야 했다. 영아들은 식사를 끝낸 순서대로 호명된다. 여러 영아가 동시에 점심을 다 먹어서, 이들 중 몇몇 영아는 이름이 불릴 때까지 아무것도 하지 않고 가만히 앉아 있어야 했다. 호명되기 전에 자리에서 벗어나면, 그 영아는 다시 자리로 돌아가서 호명될 때까지 앉아서 기다려야 한다. Carrie는 혼자 자리에서 일어나 싱크대 옆에서 기다리고 있다. 교사가 Carrie에게 손 씻기와 이 닦기를 금지시키자 Carrie는 울기 시작했다. 분명히 Carrie는 꽤 화가 난 것 같았다. 교사는 Carrie에게 이름을 불러 줄 때까지 앉아 있어야 한다고 말했다. 교사는 Carrie를 안정시키려 하지도 않았고, Carrie가 자리로 돌아가서 앉는 것도 도와주지 않았다. Carrie가 운 지 5분 정도 지나서 교사는 손 씻기와 이 닦기를 하지 않은 Carrie에게 간이침대에 누우라고 말했다.

앞의 사례에서 영아가 손을 씻으려면 교사가 미리 계획한 일과와 실행 절차에 철저하게 복종해야 함을 보여 준다.

> 만 2세 영아들이 점심을 먹으려고 자리로 이동하려고 한다. 교사는 영아들의 이름이 쓰인 큰 이름표를 갖고 있다. 모든 영아는 카펫 위에 앉아 있고, 교사는 이름표를 임의로 선택해서 그 이름에 해당하는 영아 바로 앞에서 이름표를 보여 준다. 그러면 그 영아는 이름표의 이름을 소리 내서 말하고, 책상 중 한 자리에 가서 앉는다. 그리고 점심 식사가 제공될 때까지 다시 기다린다. 나머지 영아들은 카펫에 앉아 자신의 이름표가 보일 때까지 기다린다. 영아들은 '바닥'에 앉아서 기다려야 한다. 만약에 서 있거나 교사의 허락 없이 책상으로 가려고 하면, 교사는 영아들에게 앉아야 한다고 말한다. 그리고 이런 영아들의 이름은 맨 마지막에 호명된다. 오늘 교사가 실수로 한 남자 아이에게 그 아이의 이름표가 아닌 다른 이름표를 보여 주었다. 그런데 그 남자아이는 (이름표의 이름과 일치하지 않게) 자신의 이름을 크게 말하고, 점프하면서 책상으로 가 버렸다. 그러자 다른 여자아이가 "어? 내 이름인데요?"라고 말하자, 교사는 그 여자아이에게 이름표를 다시 보여 주었다.

이상의 사례는 영아들이 자신의 이름을 '읽는' 것이 아니라 단순하게 이 과정만을 학습하고 있음을 보여 준다. 이런 문화에 참여하기 위해서는 몇 가지 태도—기다리기, 차례 지키기, 순종하기—가 필요하다. 이처럼 교사들이 계획된 일과에 집착하면서 이를 실행하는 것은 영아의 행동에 대한 규범적인 기준(standard)을 규정화하려는 것으로 보인다. 다음 사례들은 영아에게 일과 계획에 따른 규정화된 규범을 순종하게 하는 교사 권력의 특성을 보여준다.

점심시간인데도 걸음마기 영아들은 피곤해하였다. 그날따라 Jules(16개월)가 책상에서 잠들었다. 교사는 "아직 잠잘 시간이 아니야."라고 말하면서 Jules를 깨우고 점심을 먹게 했다. Jules가 깨어나지 않자 교사는 Jules를 깨우려고 의자를 밀었다. 그래도 Jules가 깨지 않자 교사는 의자를 치우고 Jules를 서 있게 했다. 점심시간이 끝나자마자, Jules는 정리한 후 침대에서 낮잠을 잘 수 있었다. 어느 날, Jules는 점심시간에 앉아 있다가 잠깐 잠들었다. 교사는 Jules를 깨우면서 음식을 먹게 했지만, Jules는 울기 시작했다. 잠깐 울고 나서 Jules는 음식을 입에 넣은 채로 다시 잠들기 시작했다. 바로 이때, 교사 한 명이 Jules를 일으켜 세웠으나 Jules의 다리가 접히면서 주저앉아 버렸다. 교사는 Jules를 의자에 앉히고, 다른 영아들을 돌보려고 했다. 그러나 다른 영아들을 돌보기도 전에 Jules는 의자에서 떨어졌고, 그 후 Jules는 잠에서 완전히 깨어났다.

간식시간이 되자, 모든 영아는 놀이를 멈추고, 책상에 앉으라는 지시를 받았다. Maggie(14개월)는 간식을 밀어내면서 울기 시작

했다. 교사는 Maggie에게 "피곤해서 그런가 보구나."라고 말하면
서 기저귀 가는 탁자로 데리고 가더니 Maggie를 앉히면서 토닥
거렸다. 하지만 Maggie는 교사의 팔 안에서 꼼지락거리며 앉아
있기를 거부했다. 교사는 Maggie가 놀이했던 바닥에 그녀를 내
려놓았다. 이를 관찰하던 다른 교사는 "Maggie는 다음 간식시간
에는 계속 앉아 있어야 해요. Maggie는 피곤한 것이 아니라 놀고
싶어 하는 거예요."라고 말했다.

마지막 사례에서 교사는 어느 정도의 융통성을 보여 준다. 영아
가 간식을 먹기에는 너무 피곤하다고 생각해서 그 영아를 안정시
키려고 하였다. 그러나 다른 교사는 Maggie가 '그저 놀고 싶을
뿐'임을 알아냈고, 그 이유가 간식 책상에서 면제시켜 줄 정당한
근거가 될 수 없다고 생각했다. 이는 영아의 의도를 엄격한 규율
에 복종시키려는 것이다.

앞의 사례들에 비춰 볼 때 하루 일과 계획은 영아의 경험에 대
한 어떠한 관찰이나 해석 없이 독단적으로 계획되고 실행되는 것
으로 보인다. 계획된 일과들은 영아가 하려고 하는 것보다 1순위
로 우선권을 부여받게 된다. 피곤함, 배고픔, 에너지 등 영아의 감
정에 대한 이해와 표현은 부정되며, 교사가 부과한 일과에 따라야
한다. Polakow(1992)는 이를 '시간적인 엄격함'(p. 61)에 대한 강
요라고 묘사하였다. 영아들이 이런 훈육과 엄격함에 복종하면서
체험하는 시간 세계는 제도적 시간이라는 메타 범주로 재구성된
다(Polakow, 1992). 무엇보다도 계획된 일과를 강요함으로써, 그

리고 엄격하게 전이시간을 운영함으로써 교사들은 그들의 통제와 권력을 행사한다.

영아의 '시간 통제자'(Polakow, 1992, p. 65)로서 교사들은 영아들에게 그 상황에서 요구되는 것들—잠자기, 먹기, 줄서기, 조용히 하기, 앉기, 기다리기 등—을 하게 한다. Foucault (1975/1979a)에 따르면, 교사의 훈육 결과는 '다루기 쉬운 신체'(p. 138)를 생산하는 것이다.

만일 걸음마기 영아들이 잠자는 시간에 '협력적'이지 않다면, 교사는 영아들을 침대에 눕히고, 얼굴은 아래를 보게 하고, 한 손은 영아의 목 뒤에 그리고 다른 한 손은 영아의 발목 위에 놓은 채로 영아들을 엎드리게 한다. 교사는 영아들이 잠들 때까지 그 자세를 유지한다. 영아에게 왜 이렇게 해야 하는지 이유는 설명하지 않는다. 교사는 단순히 영아들이 침대에 누워 있어야 한다고 말할 뿐이다.

교사는 책상에 풀, 면공, 각 영아의 이름이 쓰여 있는 다람쥐 모양의 종이를 미리 잘라 준비해 놓았다. 교사는 카펫에 집단으로 모여 앉아서 기다리고 있는 걸음마기 영아들의 이름을 한 번에 한 명씩 부른다. 그러므로 한 번에 한 명의 영아만 그 활동을 할 수 있다. 나머지 영아들은 집단으로 모여 기다리고 있고, 다른 교사는 '손 유희'를 지도하면서 감독하고 있다. 그때까지 앉아 있지 않은 영아는 맨 마지막에 호명된다. 아무런 지시 없이 그냥 혼자 그 책상 쪽으로 가기 시작하는 Shana에게 교사는 "네가 앉을 때까지 너를 부를 수가 없구나."라고 말한다. 그러자 Shana는 교사를 쳐다보더니, 앉아서 자기의 이름이 호명되기를 기대하면서 기다리고 있을 뿐 손 유희는 하지 않았다. 교사는 Shana를 빤히 쳐다보면서 다른 영아의 이름을 불렀다. 전체 영아들이 한 번씩 그 활동을 마쳤을 때, 교사가 다른 교사에게 Shana를 불렀는지 물어보았다. 손 유희를 하던 교사가 힐끗보더니 "아니요."라고 대답한다. 영아들이 두 번씩 그 활동에 참여할 때쯤 Shana는 처음으로 호명되었다.

아침 간식시간 전 '대집단 시간'이다. 교사는 10명의 걸음마기 영아들에게 동작 활동을 지도하고 있다. 노래와 춤이 복잡해서 영아들이 잘 집중하지 못한다. 다른 교사가 간식이 준비되었다고 말하자 교사는 노래가 끝나지 않았는데도 중단하고 영아들에게 자리에 앉으라고 하였다. 곧이어 간식 책상에 가서 간식을 먹을 수 있다고 말하고, 영아들의 이름을 한 명씩 호명하기 시작한다. Nathan 차례가 되자, 교사는 "Nathan은 카펫에 앉지 않았구나. 그래서 너를 간식 책상에 가도록 부를 수가 없구나."라고 말한다. 교사는 앉아 있는 다른 영아의 이름을 호명한다. 다른 모든 영아를 호명한 후에, 교사는 "Nathan은 아직도 카펫에 앉지 않았구나. Nathan, 네가 앉지 않는다면 나는 너의 이름을 부를 수가 없어."라고 말한다. Nathan은 움직이지 않았고, 간식 활동에 정신을 빼앗긴 것처럼 보였다. 교사는 Nathan에게 다가와서 Nathan의

몸을 카펫에 앉아 있는 자세로 만든다. 그 후 교사는 "Nathan, 너
는 지금 간식 책상에 가서 앉을 수 있어."라고 말한다. Nathan은
이 절차를 순순히 따른다.

 앞의 사례들은 영아의 신체가 교사의 권위에 따라 조작되면서,
훈육을 위해서 시간을 어떻게 정확하게 사용해야 하는지 그리고
신체도 어떻게 정확하게 사용해야 하는지를 보여 준다(Foucault,
1975/1979a). 다른 활동으로 이동하기 전에는 앉아 있어야만 한다
는 규칙은 하루 일과 운영의 독단성과 통제 이외에 별다른 목적은
없어 보인다. 걸음마기 영아들이 카펫 위에 앉아 있어야 하는 진
정한 이유를 알고 있는지 의심되지만, 신체적 강요는 영아에게 교
사의 지시에 순응해야 하고, 또 그렇게 해야 함을 암시한다. 필자
는 마지막 사례의 교사에게 Nathan이 요구받고 있는 것을 이해하
고 있을지 물어보았다. 그러자 교사는 "저는 모르죠, 그러나
Nathan은 배워야 해요."라고 대답하였다.
 훈육적인 규범은 영아에게 신체적인 방식보다는 덜하지만, 좀
더 미묘한 방식으로 전달되기도 한다. 다음은 그 자체만으로는 문
제가 없어 보이지만, 영아에게는 표준적인 기준을 준수해야 함을
암시하고 있는 사례다.

 2시 30분에 교사는 어두운 교실로 들어왔다. 영아들은 낮잠을
자다가 막 깨어났고 일부는 아직도 자고 있었다. 교사는 "애들아,
아주 잘했어."라고 큰 소리로 말한다. 교사는 필자를 돌아보더니

"영아들은 항상 1시에 일어나요."라고 설명한다.

앞의 사례에서 영아들은 통제받지 않았고, 생리학적 상태를 고려해서 계획한 낮잠 시간이 끝날 때까지 잠을 잤기 때문에 '잘한' 것이었다. 이런 방식으로 영아들은 교사의 실천을 통해 그들의 행동과 그들 자신에 대한 이해를 구성하고 있다. "훈육 과정에서 처벌은 보상과 처벌이라는 이중 체계의 한 요소일 뿐이다. 보상과 처벌이라는 이중 체계는 훈련과 교정 과정에서 적용된다."(Foucault, 1975/ 1979a, p. 180)

교사의 권력과 영아의 놀이

놀이는 삶에 대한 유아의 반응이다. 유아는 생기가 넘치고, 성장하는 창의적인 개인이므로 놀이는 유아의 생활이다.
– Hartley & Goldenson, *The Complete book of Children's Play*

교실 현장의 사례들은 교사가 하루 일과(넓은 의미에서는 보육적 일과)와 전이를 엄격하게 운영하고 적용하면서 그들의 권력을 수행할 때, 교사들이 어떻게 영아에게 문제가 되는 상황을 창출하고 악화시키는지를 잘 보여 준다. 교사가 수행하는 권력은 영아의 놀이를 통제하고 억제하는 방식으로 나타나기도 한다.

Toya가 잠들 때까지 바닥이나 침대에서 busy box를 가지고 놀이하도록 허용하지 않았던 융통성 부족한 사례는 다른 걸음마기 영아의 교실에서도 유사하게 나타났다.

Cyril(20개월)은 모양 분류 놀잇감—여기저기 도형 모양의 구멍이 나 있는 플라스틱 구(求)로, 그 구멍 안에 모양이 맞는 도형을 넣는 놀잇감—을 선택했다. Cyril은 이 놀잇감을 볼링공으로 사용하려고 하였다. 교사가 즉시 Cyril에게 소리쳤다. 그리고 다시 "이건 공이 아니야."라고 말하며 놀잇감 사용 방법을 일러 주었다.

교사는 점토를 꺼냈다. 영아들이 책상에 다가오자 교사는 각 영아에게 점토를 조금씩 준다(영아 스스로 하게 하지 않았다). 교사는 점토를 주무르고, 동그랗게 말고, 모양을 만드는 방법을 시범 보여 준다. Karen(17개월)도 책상으로 와서 점토를 받았다. Karen은 받은 점토를 호주머니에 넣고 다른 책상으로 가려고 하였다. 교사는 Karen을 멈추게 하고, "Karen, 다했니?"라고 물었다. Karen은 교사를 보더니 "다 했어요."라고 대답했다. 다시 한 번 교사가 Karen에게 정말 다 한 것인지 묻자, Karen은 다 했다고 대답했다. 교사는 Karen의 손을 씻겨 주었고, Karen은 다른 곳으로 놀이하러 갔다. 잠시 후, Karen이 다시 책상으로 와서 점토를 집어 들었다. 교사는 "Karen, 너 점토를 가지고 다 놀았잖아. 너는 아까 다 했다고 말하고, 다른 곳으로 갔지? 그러니까 가서 놀 만한 다른 것을 찾아보렴."이라고 말했다. Karen은 망설이면서, 다시 점토를 만지작거렸다. 교사는 "안 돼, Karen. 너는 다

했잖아."라고 반복해서 말했다. Karen은 실망한 채 돌아섰고, 혼
란스러운 표정을 지었다. 잠시 후 Karen은 책상으로 다시 돌아와
다른 영아들을 쳐다보았다. 실습교사가 소꿉놀이를 함께하자고 제
안하여 Karen의 마음을 환기시켰다.

앞의 두 사례에서 교사는 영아의 활동에 대한 영아의 주도권,
의도성, 통제력 등을 제한하고 있다. Karen과 Karen의 교사에게
'다 했다'는 단어는 다른 의미를 지닌다. 마치 Cyril과 Cyril의 교
사가 '공'에 대해 다른 아이디어를 가지고 있는 것처럼 말이다. 이
런 교사들은 놀이나 활동에 대해 단호하고 절대적인 규칙을 가지
고 있다.

2세 영아들이 교실에서 체육실로 가기 위해 줄을 서서 이동하
였다. 체육실에서 영아들은 벽을 등지고 바닥에 앉아서 기다리도
록 지시받았다. 영아들은 다른 반 영아들이 자전거를 타고, 뛰어
다니고, 오르기 놀이 등을 하고 있는 것을 보면서 기다리고 있었
다. 교사가 다른 교사와 이야기하려고 걸어가자, Daniel이 너무
놀이하고 싶어서 일어섰다. Daniel이 이동하려고 하자, 교사는 체
육실 저편에서(약 60미터 떨어진 곳에서) 소리쳤다. "너에게 일어
나라고 한 적 없어, 앉아." 몇 분 후, 교사는 영아들과 멀리 떨어
진 채로 영아들에게 "좋아, 지금 일어서!"라고 말했다. 영아들은
놀이를 하려고 뛰어나갔다.

마지막 사례에서 교사의 실천을 뒷받침할 만한 이론적 근거는 분명하지 않다. 영아들이 기다리는 동안 교사는 영아들의 놀이를 위해 아무런 준비도 하지 않았다. 교사는 체육실에서 이미 놀이하고 있는 다른 영아반이 끝날 때까지 기다린 것도 아니었다. 이는 영아에 대한 교사의 통제가 임의적인 것임을 보여 주는 것이다.

교사는 영아에게 하지 말아야 할 것을 제시하는 것 이상으로, 영아의 놀이에 개입하고 통제한다. 다음 사례처럼 교사들은 영아의 행동을 잘못 안내하면서 과도하게 개입하기도 한다.

교사는 영아들이 그림을 그리도록 책상 위에 파스텔 마커 상자와 종이를 준비하였다. Jeff(2세)는 책상에서 밝은 파란색 마커로 그림을 그리기 시작했다. Jeff가 마커를 내려놓더니, 마커가 많이 놓여 있는 선반으로 걸어갔다. Jeff는 검은색 마커를 가지고 책상에 돌아와서 다시 그림을 그리기 시작했다. 교사가 재빨리 책상으로 다가와서 걱정스럽게 말했다. "Jeff, 그거 어디서 났어?" 교사는 책상 위에 있는 다른 마커들을 가리키면서 "우리가 사용해야 하는 마커들은 여기에 있잖아."라고 말한다. 교사는 Jeff의 손에서 검은색 마커를 뺏었다. 교사는 Jeff에게 밝은 파란색 마커를 쥐어 주면서 "이걸 써."라고 말했다. Jeff는 이를 무시하고 대신 책상 위에 있는 자주색 마커를 집었다. 교사는 Jeff의 손을 잡으면서 말했다. "그것은 다른 친구들 거야. 파란색 마커가 네 거야." 책상에서 그림을 그리고 있는 다른 두 명의 영아들은 이미 마커를 쓰고 있었으며, 나머지 마커는 책상 위에 가지런히 놓여 있었다.

이 사례에서 Jeff는 목적적이고, 자기 지시적인 활동에 몰입하고 있다. 그러나 이 영아의 의도성이 다른 영아들에게 문제를 야기하거나 방해하지 않았음에도 불구하고, 그의 의도성은 교사에게 문제가 되었다. 성인인 교사에게 Jeff의 개별성과 독특한 창의력은 우선적인 가치가 아니라 하찮은 것으로 간주되었다. Jeff가 사용할 수 있는 마커의 색을 교사가 정해 줌으로써, Jeff가 선택하고, 행동하고, 창조하는 영아의 권력을 축소시키는 대신 Jeff에게 권력을 행사하고 있다. 다음 사례는 영아에게 놀이를 강요하는 교사의 권력을 보여 준다.

> 오늘 걸음마기 영아들은 튤립 모양으로 오려진 종이에 스펀지 그림을 그리고 있었다. 어떤 물감을 선택할지 물감 색깔을 보고 있던 Zach는 갈색 물감을 사용하기로 결정했다. 그 활동을 지도하던 교사는 동료 교사에게 Zach가 갈색 물감을 사용해도 되는지 물어보았다. 교사는 갈색 물감 사용을 허락하면서 이렇게 덧붙였다. "꽃을 너무 어둡게 색칠하지 마. 너무 어둡게 색칠하면 잘 보이지 않아." 부모용 게시판 '오늘의 소식'에는 다음과 같이 공지되어 있었다. "오늘 스펀지 그림 그리기를 할 때, 영아들은 스스로 색을 선택합니다."

> 아침식사 후, 영아들이 '자유놀이'를 하고 있었다. 교사는 '미술' 프로젝트를 하기 위해 책상으로 영아를 한 명씩 데리고 가면서 영아의 자유놀이를 방해하였다. 정해진 차례가 되면, 영아들은

놀이 몰입 정도에 상관없이 교사와 함께 책상으로 가야 했다. 영
아가 책상에 앉으면, 교사는 붓에 물감을 묻혀서 그 붓을 영아의
손에 쥐어 준 후 '그림을 그리는' 동안 영아의 손을 붙잡아 주었
다. 교사가 그림을 충분히 그렸다고 생각하면, 그림이 완성된 것
이다. 교사의 지시에도 불구하고, 몇몇 영아들은 그림 그리기 활
동에 꽤 많은 관심을 보여서 교사가 그만해야 한다고 말하면 화
를 내기도 하였다. 각 영아들은 단 한 번씩만 그림 그리기를 하
였다.

저 항

Foucault(1988)에 따르면, 권력은 완벽하게 통제되지 않으며 권
력 관계에서는 항상 저항의 가능성이 존재한다(p. 12). 유사하게
Goffman 역시 사람들은 제도적인 규칙과 기대를 수용함과 동시
에 저항한다고 생각하였다. 그러나 이 두 저자들의 권력에 대한
언급은 성인의 세계에 한정된 것이다. 종일제 보육 세계에서 영아
들이 스스로 무언가를 탐구할 수 있는 자유가 존재하는가? 다음은
영아들이 교사의 통제와 권력에 저항할 때 벌어지는 것들을 보여
주는 사례다.

점심시간 전에 교사는 이야기를 들려주기 위해, 영아들(2세)을
카펫에 모이게 하였다. 이야기가 반쯤 진행되었을 때, 교사는 이

야기 읽기를 중단하고 Caleb에게 손과 얼굴을 씻으라고 말했다. Caleb은 고개를 저으면서 "싫어요."라고 말했다. 교사는 Caleb에게 손과 얼굴을 씻으러 가야 한다고 말했다. Caleb은 다시 저항하였다. 교사는 책을 내려놓고 Caleb을 데리고 화장실로 갔다. Caleb은 이 과정 내내 저항해서 필자는 교사에게 "아마도 Caleb이 나머지 이야기도 듣고 싶어 하는 것 같아요."라고 말하였다. 교사는 "Caleb의 얼굴이 더러워요. 씻어야 해요."라고 대답했다. 다른 영아들은 교사가 돌아올 때까지 기다렸다. 교사와 Caleb이 돌아왔을 때, 교사는 다시 이야기를 읽기 시작했지만 다른 영아들도 씻으라고 이름을 부르면서 이야기를 들려주는 활동을 잠깐씩 멈추었다.

Corrine이 안달복달하는 것은 교사에게 '내가 배가 고프니, 젖병을 달라.'는 것을 의미한다. 젖병이 준비되자 교사는 바닥에 앉아 자신의 무릎 위에 Corrine(3개월)을 안아 올렸다. Corrine은 재빠르게 젖병을 빨지만, 3온스(85g) 정도 먹은 후에는 고개를 돌리면서 젖병을 거부하기 시작했다. 교사는 Corrine에게 더 먹이려고 했지만, Corrine은 안달복달하면서 울었다. 교사는 몇 분 동안 젖병을 치우고 기다렸다가 다시 먹이려고 시도했다. 이번엔 Corrine이 다시 먹는 듯했으나 Corrine의 얼굴에서 귀 쪽으로 우유가 흘러내렸다. 필자는 Corrine이 우유를 먹지 않고 있다는 것을 알아차렸다. 필자는 이를 교사에게 알렸다. 교사는 "이런, 그래도 그만둘 수 없어요."라고 대답했다. 교사는 Corrine의 입에 젖병을 계속 물게 했다. 잠시 후, 젖병이 거의 비자 교사는 이 행동을 멈추었다.

이 마지막 사례에서 교사가 처음에는 배고프다는 암시에 반응하여 영아의 신호를 수용했지만, 지속적으로 Corrine의 신호에 반응하는 데 실패함을 보여 준다. 교사는 강제로 영아에게 우유를 먹이려 했고, Corrine은 저항하는 힘으로 우유를 입 밖으로 흐르게 놔두었다. 다음 사례에서는 "행동을 수정하기 위해 가장 쉬운 출발은 처벌에 복종시키는 것"(Foucailt, 1975/1979a, p. 178)임을 보여 준다.

사전 관찰에 미뤄 볼 때 Jonah는 다소 까다로운 영아로, 자신을 안아 주는 특정한 교사들만 선호하는 것 같았다. 오늘 수유 시간에 교사는 Jonah를 무릎 위에 앉히려고 했다. 그러나 Jonah는 등을 구부리면서 이를 거부하였다. 교사는 Jonah를 영아용 의자에 앉히려고 했지만, Jonah는 등을 구부리면서 이것도 거부했다. 그러자 교사는 Jonah를 카펫에 눕히고 우유를 주지 않았다. 교사는 필자에게 영아들은 무릎 위나 영아 의자에서만 우유를 먹을 수 있다는 규칙이 있다고 말하였다.

대근육 공간에서 놀이가 끝난 후에 걸음마기 영아들은 물을 마신다. 한 영아가 물을 마시려고 했지만, 그 영아는 줄을 '바르게' 서지 않았다는 이유로 물을 마시지 못하였다. 줄을 선 영아만 물을 마실 수 있는 것이다. 다른 영아들은 물을 마시기 위해 줄을

섰지만, Henry와 Matt은 그때까지 자전거를 타고 있었다. Henry
와 Matt가 교실에 가야 한다는 말을 듣고 음료대로 갔을 때 마실
물은 남아 있지 않았다.

매일 점심을 먹은 후 영아들은 이를 닦는다. 한 번에 두 명의
영아만 싱크대에 서 있을 수 있기 때문에 다른 영아들은 이 닦는
차례가 올 때까지 조용히 앉아서 기다려야 했다. 오늘(그리고 어
제도) Scott은 자기 차례가 올 때까지 '바르게' 앉아 있지 않았다
고 혼이 났다. Scott은 앉아서 기다리면서 책상 밑을 걷어찼고, 다
른 영아들도 이를 따라 하기 시작했다. Scott을 따라 했던 영아들
은 맨 마지막에 호명되었고, 이를 닦는 동안 교사는 이 영아들을
도와주지 않았다.

식사시간 동안 걸음마기 영아들이 의자에 앉지 않으려고 저항
할 때가 있다. 여러 명의 영아들이 간식시간 중간에 일어서서 자
리를 이동하려고 해서, 교사들은 식사시간과 간식시간에 영아들을
의자에 묶어 두기로 결정하였다. 교사들은 담요나 잘 늘어나는 끈
을 사용해서 영아와 의자 뒤를 둥그렇게 두르거나 영아가 입고 있
는 셔츠를 의자 등판에 끼워 놓았다. 다시 말해, 영아의 피부와 셔
츠 옷감 사이에 의자 등판이 있게 되는 것이다. 이렇게 한 지 일주
일도 지나지 않아, 15개월인 Troy는 의자에 묶여 있는 것이 움직
일 수 없음을 뜻하지 않는다는 것을 알아냈다. 그래서 의자에 묶
인 채 책상에서 떨어져서 돌아다녔다. Troy와 다른 영아들은 이

방법이 정말 재미있다고 생각했기 때문에 간식시간 동안 영아들을 책상에 가만히 앉게 하는 것은 더 어려운 일이 되어 버렸다.

오늘 낮잠 시간에 Emily(19개월)가 가만히 있는 것을 힘들어했다. Emily는 잠들 때 뒤치락거리고 재잘거려서 애를 먹이곤 했다. 그러나 한 번 잠들면 오랜 시간 동안 잔다. 오늘 교사는 Emily의 침대로 가더니 Emily의 팔을 잡고 매우 거칠게 배를 두들겼다. Emily가 울자 교사는 Emily의 등을 세게 문질렀다. Emily가 움직이려고 하자 교사는 Emily의 등을 더 세게 아래쪽으로 문지르면서 Emily를 움직이지 못하게 했다.

저항하려는 영아들을 억압하는 것, 영아들의 자율성 발달에 부정적으로 반응하는 것은 일종의 '침묵의 문화'(Freire, 1985, p. 72)로 영아들을 내모는 것이다. 즉, 이런 문화에서 억압은 침묵적이며, 그들의 세계에 '이름 붙이는 것'과 변혁하는 것은 금지된다(Freire, 1970, p. 76).[2] 이런 침묵은 '이해의 실패'(Silvers, 1983, p. 96)다. 이런 교사들은 강요된 체제(regime)를 겪는 영아의 경험을 인식하고 반응하는 해석과 이해의 순환주기 밖에 따로 서 있는 것이다. 다시 말해, 교사들은 영아의 경험을 해석하고 이해하려고 하지 않는다는 것이다. 영아의 신체적·정서적 요구에 대한 영아의 표현과 성향을 하루 일과, 특히 성인이 강요하는 일과에 복종하게 한다면 영아는 침묵해 버린다. 실제로 영아의 신체적 관리는 영아를 의자에 묶는 것처럼 폭력적이며, 순종을 얻기 위해 완력을

사용하기도 한다. "폭력에 내재되어 있는 일시성은 타인의 의지
와 신체에 자신의 의지를 물리적으로 강요하는 것이다."(Denzin,
1984, p. 182) 시간을 통제하고 시간 및 공간 체제에서 영아의 신
체를 통제하는 것은 '자기 확언'에 대한 체계적인 부정이며, '순응
과 유순함을 위한 교육' (Suransky, 1977, p. 136)일 뿐이다.

착취적 권력과 발달적 권력

필자는 영아 양육이 강압적인 측면이 있음을 부인하지 않는다.
아동 중심 사상을 주장한 학자인 Rousseau(1762/1979)가 보여 준
Emile에 대한 자애로운 가르침도 강압적인 전략으로, Emile의 요
구와 행위 역시 '가정교사'에 의해 유도된 것이다.[3]❶ Suransky
(1977)가 언급했듯이 "영아 보육의 사회적인 실재는 영아의 세계
에서 권력의 사용과 남용에 물든 성인들"(p. 251)이다. Guttentag
(1987)도 다음과 같이 지적했다.

분명히 부모와 보육 관련자들은 영유아에게 경험을 제공하
면서 영유아의 의지와 반대되는 행동을 요구한다. 이런 경험
들은 영유아가 하고 싶어 하는 것을 감추어야 하는 경험과 유

역주 ❶ 이에 대해서는 Cannella(1997)의 「Deconstructing early childhood education:
Social justice and revolution」를 번역한 유혜령(2002)의 「유아교육 이론 해체하기:
비판적 접근」(pp. 194-195)을 참고하기 바란다.

사하다. ……그러나 보육 관련자들 중 일부는 이런 행위가 영
유아의 장기적인 미래의 행복을 위해 중요하다는 그럴듯한
신념을 내세우고 있다(p. 21).

이 시점에서 Janet Smith(1983)의 '발달적인 권력' 그리고 '착
취적인 권력'(p. 200) 간의 차이를 생각해 보고자 한다. 발달적인
권력은 자신의 가능성을 발달시키려는 영유아의 능력을 지원하는
권력 혹은 힘이다. Kuykendall(1983)은 이런 의미의 권력을 '변혁
적인 권력(transformative power)'(pp. 264-265)이라는 개념으로
설명하고 있다. 이러한 권력은 양육적이고, 치유적이며, 창의적인
특성을 지니는데, 여기에 필자는 권력 부여적인 특성을 추가하고
자 한다. 즉, 여기에는 권력 부여가 이루어질 수 있도록 적절한 제
한이 부과될 수도 있다.

발달적이거나 변혁적인 권력은 상호 의존성과 개별성에 대해
인정하고, 영유아를 발달하는 개인으로 간주함으로써 잠재적인
호혜성을 강조한다. 따라서 교사의 권위는 영유아의 자율성 발달
과 반대되는 것으로 개념화되지 않는다.[4] 반면에 착취적인 권력
은 영아를 소유할 수 있는 대상으로 간주하여 관리되어야 하고,
지시받아야 하며, 지배당해야 하고, 통제되어야 하는 존재로 간주
한다. 이러한 맥락에서 필자는 권력 수행 그 자체를 반대하기보다
는 독단적이고, 엄격하고, 감정이 배제된 권력을 수행되는 것이
방해된다는 점을 지적하는 것이다.

착취적인 권력의 관점에서는 영아들을 '동거자들'(Goffman,

1961, p. 91)로 여기고, 동거자들에 대한 관리를 영아의 보육 목적이라고 합리화하기도 한다. 다시 말해, 영아들이 사회에서 살아가는 방법을 학습하도록 돕는 것이 목적이라는 것이다. 이런 경우, 영유아의 순응은 발달 과정의 지표로 볼 수도 있다. 그러나 필자가 설명한 사례들에서는 발달적인 권력이 아니라 착취적인 권력이 주로 수행되었고, 통제는 영아의 건강, 안전, 유능함과 같은 발달적인 목적을 성취하는 수단이기보다는 교사의 교실 운영을 위한 목적으로 사용되고 있었다. 실제로 관찰된 사례들에서 영아의 개인적인 자율성 발달과 표현은 억압되기도 하고, 처벌로 물 마시는 것이 금지되듯이, 교사의 통제가 영아에게 어떻게 해를 끼치는지 잘 보여 주고 있다. 양육과 공감이 없는 보살핌에서 교사의 권력은 얼마나 파괴적인 것인지를 잘 드러낸다.

이어서 필자는 독자들에게 순간의 연속체인 일상적인 일과의 경험에서 한 영아가 교사의 권력에 어떻게 복종하고 있는지를 보여 주고자 한다. 동시에 보육 환경에서 영아가 체험하는 문제가 되는 일상적인 경험의 의미를 논의하고자 한다.

걸음마기 영아의 하루 일과

등 원

Callie(15개월)는 이 어린이집이 처음이다. Callie의 어머니가

Callie를 교실로 데려다 주었다. Callie는 어머니 옆에 꼭 붙어 있었지만 헤어져야 했다. Callie와 헤어지자마자 어머니는 떠났다. Callie가 교사에게 잠시 안겨서 안정이 되자 바닥에 홀로 남겨졌고, 거기서 Callie는 누워서 울기 시작했다. 실습교사가 Callie에게 관심을 보이자, 교사는 Callie에게 '특별한 관심'을 두지 말라고 말했다. 그것은 'Callie를 망치는 것일 수도 있고, 다른 영아들의 질투를 일으키게 하는 것'이 될 수도 있기 때문이었다.

자유놀이

걸음마기 영아들은 모두 물을 마시고 나서 카펫에 앉았다. 교사는 높은 선반에 놓여 있던 두 개의 놀잇감 상자를 가져와서 카펫 위에 그 놀잇감을 쏟아놓았다. "구슬을 갖고 놀자."라고 말하면서 여러 개의 구슬을 쥐고 모아 놓았다. "체인을 만들 수 있니?" 교사는 영아들이 볼 수 있도록 구슬을 높이 들면서 물어보았다. 10명의 걸음마기 영아들은 구슬을 나누어 가졌다. 다른 놀잇감으로 놀이하는 것은 금지되었다. 그러는 사이 Callie와 다른 영아들이 카펫에서 일어나서 소꿉놀이 영역으로 가고 있다. 이를 본 교사는 영아들의 팔을 잡아당겨 영아들이 모여 있는 곳으로 오게 하였다. "카펫으로 오지 그러니?" 영아들은 다시 카펫으로 돌아오지만 아무것도 하지 않았다. 그 후 이 영아들은 다시 일어서서 소꿉놀이 영역에 가고 있다. 교사는 이 영아들에게 구슬 놀이를 하도록 다시 지시하였다. 교사는 영아들에게 "앉아 있을 수 있지?"

라고 두 번 반복해서 말하면서 이 영아들을 앉혔다. 이 순간 구슬놀이를 하지 않고 이를 지켜보던 다른 영아가 소꿉놀이 영역에서 놀이하려고 일어섰다. 교사가 그 영아의 팔을 확 잡아당겼고 모든 영아에게 구슬들을 정리하라고 지시하였다. 그러나 Brandon은 구슬을 가지고 계속 놀이하였다. 교사는 그를 돌아보면서 큰 소리로 말했다. "지금 당장 정리해!" 교사의 말을 들은 Callie는 "지금 당장 정리해!"라고 교사의 목소리를 흉내 낸다.

전이시간

놀이시간에서 간식시간으로 전이되는 시간이다. 전이시간에 영아들은 이야기를 들으려고 대집단으로 모여 있다. 이야기를 읽어 주는 교사가 한 명씩 영아의 이름을 불러 주고 간식 책상으로 가게 한다. 영아들은 기다리면서 그다음엔 누가 가게 될지 궁금해하는 얼굴을 하고 있다. Callie가 호명되기 전 자신의 차례를 예상하고 두 번이나 일어났지만 이름이 호명될 때까지 앉아 있으라고 지시받았다.

간식시간

영아들이 책상에 앉아 있다. 교사는 통밀 크래커 바구니를 들고 서 있다. 교사는 영아 한 명당 한 개씩 크래커를 나눠 준다. 영아들 스스로 간식을 준비하지 않는다. Callie가 크래커를 먹기 시작했다. 교사가 Callie에게 말한다. "모든 친구가 하나씩 받을 때까지 기다리렴." 영아들은 교사를 지켜보면서 기다렸다. 영아들에게 나눠 주는 것이 끝나자, 교사는 "이제 먹으세요."라고 말한다. 영아들이 조금씩 크래커를 먹자 교사는 종이컵에 우유를 따라 준다. Callie가 우유를 먹으려고 컵을 들자, 종이컵이 구겨지면서 우유가 쏟아졌다. 교사는 "우유를 쏟은 사람에게는 더 이상 우유를 줄 수 없어."라고 말한다. Callie는 행복하지 않은 표정으로 교사를 쳐다보지만 아무 말도 하지 않는다.

전이시간

10분간 '조용히 있는 시간'이다. 교사는 영아들에게 베개를 정리하라고 한다. 그리고 영아들에게 산책을 갈 거라고 말한다. Callie는 교사에게 '왜' 산책을 가는지 묻는다. 교사는 "우리가 원하니까."라고 대답한다.

교사 주도적 활동

영아들은 교실을 꾸미기 위해 다람쥐를 만들고 있었다. 교사는 이틀 전에 다람쥐 모양의 종이를 오려 놓았다. 어제 영아들은 각자 한 장씩 다람쥐 종이를 갈색으로 색칠하였다. 오늘 영아들은 다람쥐 꼬리에 면공(cotton-ball)을 풀로 붙일 것이다. Callie의 순서가 되었다. 교사가 꼬리 부분에 풀칠하는 동안 Callie는 교사

옆에 서 있다. 그 후 교사는 면공이 들어 있는 가방에서 다섯 개의 공을 꺼내어 옆에 서 있던 Callie의 손에 건네주었다. Callie는 공 하나를 들고 풀칠이 되어 있지 않은 꼬리 부분에 그 면공을 붙이려고 여러 번 시도하였다. "여기에 붙여야지, Callie." 교사는 면공을 붙일 자리를 가리켜 준다. 교사는 자신의 손으로 Callie의 손을 잡고 꼬리 쪽에 공을 붙어 주었다. 잠시 후 교사는 처음의 실수를 반복하고 있는 Callie에게 나머지 공들을 쥐어 준다. 그리고 교사는 다섯 개의 공을 꼬리에 붙일 때까지 Callie의 손을 신체적으로 조작하면서 지시를 반복한다. 그러고는 "끝났다. 가서 놀아."라고 말한다. 그 후 교사는 Loren을 호명한다. Loren이 책상에 올 때쯤 교사는 바쁘게 다람쥐의 꼬리에 풀칠한다. Loren이 책상에 놓여 있는 풀을 잡으려 한다. 교사는 풀을 치우면서 "그 순서가 아니야."라고 말한다. Loren이 기다렸다. 면공을 붙일 차례가 되자, 교사는 Callie에게 했던 것과 같은 패턴으로 진행한다. 잠시후 Loren이 "왜 이거 만들어요?"라고 묻는다. 그러자 교사는 "네가 면공에 풀칠하는 것을 재미있어 하니까."라고 대답한다.

점심시간

Callie는 책상에 영아들과 교사 틈에 앉아 있었다. Callie는 눈을 감고 머리를 앞뒤로 흔들면서 졸고 있었다. Callie는 매우 피곤해했다. 영아들이 Callie에게 물었다. "Callie, 자고 싶어?" Callie는 눈을 뜨고 친구들을 보면서, "응."이라고 말한다. 교사가 "안 돼, 과일을 먹을 때까지 안 돼."라고 말하면서 개입한다. 그 후 교사는 "참치 샐러드를 더 먹자, Callie."라고 말하면서 Callie의 입에 참치 샐러드 한 숟가락을 떠먹이려 하자 Callie는 고개를 돌려 버렸다. 교사는 "Callie, 만일 참치 샐러드를 더 먹지 않으면, 너는 과일을 먹을 수 없어."라고 말한다. Callie는 반응을 하지 않고 멍한 표정으로 고개를 든다. 교사는 책상에서 일어서서 Callie를 제외한 다른 영아들에게 과일을 나누어 주면서 Callie에게 "너는 과일을 먹을 수 없어, Callie."라고 말한다. 다시 잠들어 버린 Callie는 반응이 없었다. 교사는 과일을 다 먹고 난 후에 Callie의 식사를 치우고 나서, Callie에게 말한다. "지금 가서 누워."

낮잠 시간

Callie는 약 한 시간 후에 잠에서 깼다. 다른 영아들은 아직도 자고 있다. Callie는 일어나서 눈을 비비면서 주변을 둘러본다. 교실 맞은편에서 교사가 말한다. "누워 있어. 아직 낮잠 시간 안 끝났어." Callie는 다시 누웠다가 가끔씩 일어나서 주변을 둘러보곤 하였다.

간식시간

영아들은 간식 책상에 가도록 한 명씩 호명되었다. 영아들은 교사가 치리오스 시리얼을 나누어 줄 때까지 기다린다. 교사들은 자리에 앉지 않은 채로 영아들과 함께 있다. 영아들이 간식을 먹는 동안 교사들은 영아들 주변을 서성거린다. 영아들은 시리얼을 다 먹을 때까지 우유를 컵에 따라 먹을 수 없었다.

화장실 가기

영아들이 간식을 다 먹었다. 교사는 "화장실 갈 시간이다."라고 말한다. 교실 안에 네 개의 영아용 변기가 놓이고, 교실 밖에는 한 개의 변기가 있는 화장실이 있다. 영아용 변기에 앉을 수 있는 영아들이 호명되었다. "Callie, 변기로 가렴." 아직 책상에 앉아 있는 Callie는 교사의 말을 무시한다. "Callie, 지금 당장 가!" 교사가 Callie에게 다가가서 Callie를 변기로 데리고 간다.

오후 교사 주도적 활동

계획된 활동인 면도용 크림 놀이를 하는 시간이다. 교사는 한꺼번에 세 명의 영아를 호명하여 책상에 오게 한다. 교사는 우리 학급에 손이 더러워지는 것을 좋아하지 않는 영아가 있다고 말하면서도 그 영아가 누구인지를 정확히 기억해 내지 못했다. 잠시 후 Callie가 책상에 오는 순서가 되었다. 교사가 필자를 보더니 그 영아가 Callie라는 것이 생각났다고 말했다. 교사는 Callie에게 작업복을 입히고, 면도 크림을 Callie의 책상 위에 뿌려 주었다. 잠시 동안 Callie는 면도 크림을 쳐다보기만 할 뿐 만지지는 않았다.

아무도 Callie에게 뭐라고 말하지 않았다. 잠시 후 교사는 Callie에게 묻지도 않고 Callie의 손을 잡고, 그 손으로 면도 크림을 만지게 하면서 말한다. 교사는 "이렇게 해 봐, Callie."라고 말한 다음 다른 곳으로 가 버린다. Callie는 실습교사에게 "다 했어요."라고 말한다. 실습교사는 "그래."라고 대답하고, 가서 정리하라고 한다. 교사가 돌아오더니 "Callie는 아직 끝나지 않았는데…… 이리와 Callie, 그림 그리자."라고 말하면서 Callie를 가로막는다. 실습교사는 Callie가 다 끝내서 이미 가서 손까지 씻었다고 교사에게 말한다. 교사는 잠시 Callie를 보더니 아무런 말없이 Callie를 데리고 책상으로 간다. Callie는 혼란스럽고 실망스러운 표정으로 실습교사를 돌아보지만, 교사의 말에 순순히 따른다.

귀 가

오후 5시 15분이 되었다. 교실은 정돈되어 있었고 놀잇감들도 치워져 있다. 몇몇 영아들이 창문과 문 앞에 서서 밖을 바라보고 있다. 교사는 조용히 이 영아들을 지켜보고 있다. 교사와 영아들 모두 지쳐 보이고 집에 가고 싶어 하는 것 같다. 영아들은 부모가 오기만을 기다리고 있다. 교사는 창문 너머 주차장으로 Callie의 어머니가 들어오는 것을 보았다. 교사는 재빨리 Callie에게 코트를 입히고 집에 갈 준비를 시킨다.

어린이집이라는 사회적 세계에서 영아의 처지

영아 주도적인 활동과 의도성을 허락하는 매개변수들은 이런 보육기관에서 심하게 제한받고 있다. 영아들은 발달적으로 인격적으로 개별적인 존재이지만, 여기서 소개된 사례들에서 영아들의 개인적인 차이와 선호도는 교사의 일과 운영과 권력 수행에 어떠한 영향도 주지 못하고 있다. 교실 운영 측면에서 각각의 영아들은 다른 영아들과 바뀌어도 되는 존재일 뿐이다. Foucault(1975/1979a)에 따르면, "훈육에서 각 요소들은 상호 교환적이다. 각 요소들은 일련의 순서로 그 요소들의 자리에 따라 정의되기 때문이다." (p. 145) 실제로 교실의 집단 구성은 집단의 최대 크기 또는 영아의 연령과 같은 양적인 범주(개별적이지 않고, 심지어 발달적이지 않은 범주)에 따라 편성된다. 6개월 또는 12개월마다 영아들은 그다음 연령의 학급으로 옮겨지며, 이전에 그 연령의 영아들이 했던 일과(routines)를 경험한다. "이것은 직선으로 정렬되고, 동일한 간격으로 표시되는 공간에서 한 개인이 다른 사람으로 대치되는 끊임없이 반복하는 이동일 뿐이다."(Foucault, 1975/1979a, p. 147) 특별한 영아가 있다 하더라도 그 구조는 변화되지 않은 채로 남아 있다.

통제와 훈육적인 권력이 지닌 문제점은 영아가 걸음마기 그리고 유아로 성장하면서 점점 더 자주, 더 심하게 나타난다. 걸음마기에는 이동성, 주도성, 의도성, 자율성 등이 나타나고, 이런 특성들이 증가한다는 사실은 교사의 통제가 필요하다는 생각으로 연결되는 것 같다. Polakow(1992)가 관찰한 것처럼 프로그램의 훈육적인 구조에서 "자발적이고, 움직임이 많고, 풍부한 에너지를 가지고 놀이하는 존재인 영아들은 위협적인 존재"(p. 176)이므로 통제할 필요가 있다는 것이다. 다시 말해, 영아들의 자발성, 정서성, 놀이성 등은 "부과된 공간과 시간적인 구조에서 반규범적인 해로운 것들"(Polakow, 1992, p. 176)로 여기고 있다.

교사는 영아가 예측 불가능하고 지속적인 요구를 할 때, 통제의 상실감이나 교사 자신의 개인적인 자율성이 상실된다는 느낌을 받을 수도 있다. 그래서 교사들은 힘없는 영아들을 대상으로 통제가 가능한 장소에서 통제를 수행하기도 한다. 교사의 융통성 없는 통제는 통제나 예측 가능성에 대한 교사의 요구에서 파생된 것이기도 하다. 이 책의 60쪽에 소개된 사례들을 회상해 볼 때, 교사들은 '너무 많은' 놀잇감을 원하지 않는다. 그런 상황이 더 혼란스러운 상황을 야기할 수 있다고 생각하기 때문이다. 다음의 사례는 교사가 통제를 포기하면 통제할 수 없는 상황이 만들어지기 때문에 교사들은 고집스럽게 통제를 실행하고 있음을 보여 준다.

영아들이 도착하기 전에 교사는 쟁반에 옥수수 가루를 채우고, 작은 국자를 놓아 두었다. 교사는 작은 천으로 쟁반을 덮고, 보관 선반 밑바닥에 그 쟁반을 놓아두었다. 교사는 간식시간 후에 이 활동을 소개하려고 했다. 아침 놀이 시간에 Sandy와 영아 몇 명이 이 쟁반을 발견했는데, 교사는 이를 알아채지 못했다. 영아들은 교실 바닥 위에서 옥수수 가루를 다른 용기에 퍼 담기 시작했다.
얼마 후 교사가 이를 알게 되었고 소리를 질렀다. "너희가 해 놓은
것 좀 봐. 잔뜩 어지럽혔잖아!" 다른 교사도 덧붙였다. "Jackie 선
생님이 간식시간 후에 소개하려고 준비했는데…… 너희가 그것을
망쳐 놨어! Sandy, 모든 것을 망쳐 놓을래?" Jackie 교사는
Sandy를 바닥에서 멀리 떨어져 앉게 한 후, 옥수수 가루를 쓸기
시작하였고, 잠시 후 Sandy가 계획했던 이 활동을 망쳤다고 이야
기하였다.

교사들의 하루 일과 실행은 교사뿐만 아니라 영아에게도 하루
를 좀 더 수월하고, 관리하기 쉽게 효율적으로 운영하려는 의도를
담고 있다. 교사들은 적당한 방법을 찾을 수 없다고 생각되는 환
경, 준비가 되지 않은 환경 내에서 자신을 발견하려고 최선을 다
하고 있는 것이다(Mills, 1959). 교사들은 영아들과 싸우게 되는 함
정에 빠지게 되면서, 그다음에는 더 많은 규범과 훈육적인 처벌로
영아에게 반응하면서, 엄격하게 강요된 관례화가 어떻게 교사들
의 의지와 반대로 작용하는지를 잘 알지 못하는 듯하다. 의심할
여지없이 교사들도 학령기를 보내면서 똑같은 '훈육'을 경험했을
것이다.[5] 이것이 "권력을 수행하는 사람들과 권력에 의해 지배당
하는 사람, 모두를 지배하는 메커니즘"(Foucault, 1980, p. 156)이
다. Mills(1959)에 따르면, 교사들도 "주어지는 목적에 대한 어떤
확신도 없이…… 매일 일상적인 제한된 환경에서 지배당하고 있
다."(p. 168)

이 장을 통해 제시된 사례들처럼 영아기의 경험은 일반적으로 알려져 있는 '근심 걱정이 없고 규율이 없는 환희의 시기'(Denzin, 1977, p. 182)가 아니다. 영아들은 생리학적으로, 행동학적으로, 정서적으로 통제에 숙달되도록 기대받기 때문에 "시간을 체험된 세계의 자연스러운 부분으로 경험하는 것이 아니라 외부적인 권력으로 경험"(Polakow, 1992, p. 65)하게 된다. 앞 사례들에서 교사들과 영아들은 많은 시간과 공간을 공유함에도 불구하고, '협력의 시간' 또는 '시간적인 일체감'(Sharron, 1982, p. 69, 72)을 왜 형성하지 못하는지를 잘 보여 준다. 삶의 매우 이른 시기에 영아들은 권력이란 자신의 행동을 억압하거나 지시하는 것으로, '사회적 관계에서 내재되어 있는 특징'으로 경험한다(Philp, 1985, pp. 74-75). 영아들은 교사의 지시에 순응해야 함을 학습하면서 자신의 임무를 다음과 같이 생각한다.

교사의 입장을 수용해서 가르치기 쉬운 학생이 되는 것이다. 다시 말해, 놀이가 요구되면 놀이하고, 잠들 시간에는 잠을 자고, 식사가 제공되면 배가 고파 잘 먹는 것이다. ……어린 나이에 그것이 바람직하다고 이해하지 못하면 자신을 지킬 수 없는 처지에 놓이게 된다. 그 처지가 내가 원하든 원하지 않든지 간에 나는 그것을 바람직하다고 이해해야만 한다 (Denzin, 1973a, p. 17).

이는 오늘날 어린이집에서 영아들이 어떻게 아동이 되어 가는지, 그리고 사회적 세계에서 영아들의 처지가 어떠한지, 어떻게 배우는지를 잘 보여 준다.

요약

이 장에서 필자는 공간과 시간, 특히 하루 일과의 운영과 영아 놀이의 통제를 통해 영아에 대한 교사들의 권력 수행을 보여 주는 사례들을 제시하였다. 통제에 대한 교사들의 요구를, 그리고 교사들의 끊임없고 정도가 지나친 훈육의 착취적인 수행은 영아의 발현적인 자율성과 권력 부여를 억압하고 있다고 결론 내렸다. 다음 장에서는 영아의 정서에 대한 이해 역시 권력의 관계로 인해 심각하게 영향을 받고 있음을 제시하고자 한다.

제4장
정 서

대상화와 순차성
정서적 노동으로서의 보육
소외된 노동으로서의 보육
초월할 수 없는 아동기
요 약

제4장 정서

우리는 놀이를 통해서 억압적이지 않은 학습을 제공하는 따뜻하고 양육적인 분위기를 창출하고 유지하기 위해 헌신하고 있습니다.

– 어린이집 안내서 중에서

체험된 공간 및 시간의 경험은 상호 관계적이다. 어린이집 공간은 대인관계적 맥락으로, 영유아가 자신의 정서를 느끼고 표현하고, 정서적 경험[1]을 해석하는 장이다. 이런 어린이집의 정서적 문화는 이후 기술할 문제가 되는 권력 관계의 중요한 특징을 보여준다. 정서적 문화란 "정서에 부속된 일상적인 신념, 어휘, 규제적인 규범 그리고 여러 관념의 집합"(Gordon, 1989a, p. 322)이다. 필자는 이 정의에 신념과 규범이 구체적으로 표현되는 '일상 경험'을 덧붙이고자 한다.

이 장에서 필자는 상황에서 나타나는 정서적 상호작용에 초점

을 맞춰 관찰된 사례들을 해석하고자 한다. Sartre와 Hochschild
의 연구처럼 권력 수행이 어떻게 영아에게 정서적인 순간을 만들
어 내는지, 교사들이 어떻게 영아를 대상화하고 소외시키는지
'영아의 자아'를 어떻게 '박탈하는지'(Suransky, 1983, p. 154)를
살펴보고자 한다.

또한 이런 문제들이 어린이집의 교사에게는 어떻게 소외된 정
서적 노동으로 나타나는지 설명하고자 하였다. 영아는 정서적 상
황에서 자신, 타인, 주변 세계에 대한 이해를 구성하므로, 이 연구
의 결과에 비춰 볼 때 매우 어린 영아들이 과연 영유아기를 인생
최고의 시기로 이해할 수 있을지 우려를 표명하면서 이 장의 결론
을 맺고자 한다.

대상화와 순차성

> 훈육은 개인을 '만든다'. 즉, 훈육은 개인을 대상으로, 그리고 훈육 수행의
> 도구로 간주하게 하는 권력의 특별한 기술이다.
>
> – Foucault, *Discipline and Punish*

지금까지 기술된 상황은 권력의 실행이 어떻게 영아를 하나의
대상으로 관리하고 있는지 보여 준다. '아직까지 인격이 아닌' 영
아들은 단지 '작동되어야 하는 요소'일 뿐이다(Goffman, 1961,
pp. 115. 174). 교사의 업무로서 어린이집의 영아들은 보육교사에

게 노동의 대상이다. 영아에 대한 관리가 영아의 실존적인 존재보다 우선되므로 영아들은 대상화될 수밖에 없다(Polakow, 1992).

점심을 먹기 전에 걸음마기 영아들은 조용히 무릎 위에 손을 모으고 앉아 있어야 한다. 영아 스스로 점심을 준비하여 먹도록 허락되지 않고 격려받지도 못한다. '떠드는 행동'을 하는 영아들은 그 행동을 멈추지 않으면, 점심을 받지 못한다. 일부 영아들은 울고 있고, 나머지 영아들은 이야기하고 있었다. 교사들은 영아들에게 음식을 나누어 주면서 교사끼리 이야기하고 있다. 영아들이 왜 서로 이야기하지 말아야 하는지에 대한 합당한 근거는 없다. 영아가 배당된 음식을 다 먹으면 영아에게 물어보지도 않고 음식을 더 나누어 준다. 이렇게 더 받은 음식을 다 먹으면 음식 접시를 치운다.

앞의 사례를 보면 어린이집 세계에서 영아들은 Sartre가 말한 '실천적 타성태(practico-inert)' ❶다.

이런 현장에서 사회적인 관계는 원자화되고 분절화되며,

역주 ❶ Sartre는 개인들의 존재 방식을 개인과 제도라는 조직 형태 간의 관련성 속에서 분석하고자 하였다. 단편화되고 소외된 현대사회 혹은 제도는 개인의 자유를 굴복시켜 의도하지 않은 인간의 행위를 생산시킨다. Sartre는 이를 '실천적 타성태'라고 불렀다. 즉, 사회문화적 구조나 제도가 인간의 실천에 의하여 만들어졌지만 시간이 지나면서 정형화되면 인간의 자유를 제약하고 속박하는 역설적인 기능을 수행한다는 것이다.

개인은 소외되고 분리된다. 그들의 호혜성은 부정되며 외부에 존재한다. ……(그들은) 같은 활동을 하지만 서로를 인식하지 못한다(Hirsch, 1982, pp. 75-76).

이에 대한 교사들의 인식 부족은 영아의 신체적 통제와 요구에만 초점을 두어 영아의 일과를 운영하는 방식을 통해 그대로 드러난다. 다음 사례를 더 살펴보자.

Lena(5개월)는 바닥에 앉아 장난감을 갖고 놀고 있었다. 기저귀를 갈아야 한다고 생각한 교사는 Lena의 뒤쪽으로 다가가 아무런 말없이 기저귀 가는 탁자 위에 Lena를 눕혔다. Lena는 기저귀를 가는 동안 버둥거렸다. 교사는 Lena에게 아무 말도 하지 않았고, 그렇다고 Lena에게 장난감을 주어 주의를 환기시키지도 않았다. 잠시 후 Lena는 소리 내어 흐느꼈다. 교사는 반응하지 않았다. 교사는 Lena의 얼굴을 보지 않은 채 기저귀만 갈아 주었다. 교사의 동작은 아무런 감정 표현이 없는 로봇과 같았다. 이 일이 끝나자 교사는 아무런 말없이 Lena를 바닥에 다시 앉혔다.

늦은 오후다. 필자는 영아용 식탁 의자에 앉아 있는 영아에게 우유를 먹이고 있었고, 다른 교사인 Liza는 다른 영아를 재우려고 토닥거리고 있었다. 또 다른 교사인 Dolly는 벽에 붙어 있는 일일 차트를 보면서 영아들에게 해 주어야 하는 것을 확인하고 있었다. Dolly가 "Joey, 자나요?"라고 물었다. 필자가 Joey는 3시부터 자고 있다고 말했다. Dolly는 Joey가 4시에 우유를 먹어야 한다며 Joey를 깨우는 게 좋겠다고 말했다. Liza는 "그냥 자게 두는 게 어때요? Joey가 일어나면 제가 먹일게요."라고 제안했다. Dolly는 "아니에요. Joey가 깨면 울 거고, 그러면 Joey에게 우유를 먹일 수 없을 거예요."라고 말했다. Dolly가 가더니 Joey를 깨웠고, Joey는 졸면서도 우유를 먹었다.

이 사례에서 영아의 존재는 교사에게 실존적인 의미를 주지 못한다. 교사는 영아와 함께 상호작용한다기보다는 영아를 대상으로 상호작용하고 있다. 다음 사례들은 교사가 어떻게 외형적인 것에만 신경 쓰고 있는지(Goffman, 1967)를 잘 보여 준다.

영아들이 교실에 있는데도 다른 교실의 교사가 와서 관찰 학급의 교사와 대화를 나누기 시작한다. 그러자 영아들은 하던 것을 멈추고 둘러앉아 교사들을 쳐다보았다. 다른 교사와의 개인적인 대화는 계속되고 길어졌다. 교사들은 그들이 참석했던 웨딩 샤워(결혼 전에 신랑 신부에게 선물을 나누어 주는 자리)에 대해, 그리고 그곳에서 술을 마시고 취했던 다른 교사에 대해 이야기하고 있었다. 영아들이 교사들의 관심을 끌려고 교사들을 부르고 교사들의 옷을 잡아당겼지만, 교사들은 이를 무시하고 차단하였다.

낮잠 시간이다. 교사들은 교실에 앉아서 이야기하고 있다. 교사들의 목소리는 그다지 작지 않았다. 침대에 누웠지만 잠들지 못한

걸음마기 영아들은 교사들의 관심 밖이다. 영아들이 일어나기 시작할 때까지 교사들은 계속 앉아서 이야기하고 있었다. 영아들은 침대에서 조용히 기다려야 했다.

앞의 사례에서 교사와 의사소통하려는 영아들의 시도는 무시당하거나 도외시되거나 거절당하고 있다. 교사는 영아의 존재와 함께하지 않으면서(Goffman, 1967), 영아들을 '사람이 아닌 존재'(Goffman, 1959)로 간주하고 있으며, 대상화시키고 있다.[2] "타인에 의해 대상화된다는 것은 이질적인 의식, 즉 본인이 선택하지 않은 목적을 지닌 체제에 의해서 전체화되고, 정의되고, 제한당하는 것이다."(Schroeder, 1984, p. 176) 다음 사례들은 또 다른 모습을 보여 준다.

걸음마기 영아들이 대근육 영역에서 놀이하고 있었다. 세 명의 교사가 바닥에 앉아서 영아들이 놀이하는 것을 보고 있다. 2세인 Vicki가 어머니와 함께 등원했고, 어머니는 교사에게 Vicki가 새벽 3시 30분부터 깨어 있었다고 말했다. Vicki는 앉아서 멍하니 다른 친구들을 보고 있었고, 교사의 시도에도 반응하지 않았다. Vicki의 눈이 감기고 있었다. 교사 한 명이 다른 교사에게 Vicki가 점심시간 전에 잠들면, 낮잠 시간에 자지 않을 것이라고 말했다. 갑자기 그 교사가 Vicki를 뒤에서 붙잡고 흔들면서 말했다. "일어나, Vicki. 일어나." Vicki가 울기 시작했다. 교사는 Vicki에게 "Vicki, 지금 잠들면 낮잠을 잘 수 없을 거야."라고 말했다.

Vicki는 계속 소리치며 울었다. 교사는 "Vicki, 그만 울어. 울 이
유가 없어."라고 말했다.

앞의 사례에서 Vicki는 Vicki의 신체적 및 정서적 상태를 알아
채서 반응하지 못하는 교사의 의도대로 관리되고 있다. Vicki는
자신의 개별적인 요구 및 선택과는 별 관계가 없는 '목적을 가진
체제', 즉 하루 일과라는 체제에 따라 관리당하고 있다. 이런 방식
으로 Vicki는 '대상화'되고 있으며, '소외의 현장에⋯⋯ 힘없고
무기력한 채로' 남겨져 있다(Hirsh, 1982, p. 76).

오늘 아침, 필자가 바닥에 앉아 몇몇 영아들에게 책을 읽어 주고
있을 때, Marissa(22개월)가 등원했다. Marissa의 어머니는 교실
밖 복도에 Marissa를 두고 가 버렸고, Marissa는 큰 소리로 울기
시작했다. 교사가 Marissa를 교실에 데리고 와서 문을 닫았다.
Marissa는 소리를 지르며 바닥에 주저앉아서 발길질을 하였다. 교
사는 사무적으로 Marissa에게 그만 울라고 말했지만, Marissa는
계속해서 울었다. 교사가 Marissa의 방한복을 벗기려고 했으나,
Marissa가 계속 울면서 협조하지 않아서 옷을 벗기기가 어려웠
다. 교사가 마지막으로 다리 부분의 옷을 벗기려 할 때, Marissa
가 허리를 뒤로 젖히다가 바닥에 넘어졌고 머리를 바닥에 부딪쳤
다. Miarissa는 더 크게 울었다. 교사는 말없이 옷을 다 벗기고,
Marissa의 옷을 한쪽에 치워 놓고 말했다. "그만하라고 했어,
Marissa." Marissa는 계속 울었다. 종이를 자르면서 근처 책상에

앉아 있던 다른 교사는 의자에서 일어나서 말없이 Marissa를 바닥에서 들어 올려, 복도에 내려놓고 혼자 교실로 돌아와서 문을 쾅 닫고 말했다. "Marissa는 죽지 않아요." 교실 밖에서는 Marissa가 계속 울고 있었다. 몇 분 후에 교사가 나가서 Marissa를 데리고 교실로 돌아왔다. Marissa는 교실 안 문 옆에서 소리 지르며 울고 있다. 교사들은 Marissa를 무시했다. 필자가 일어나 Marissa에게 가서 물었다. "안아 줄까?" Marissa는 고개를 끄덕이며 "네."라고 대답했다. 필자가 Marissa를 안아 주자 Marissa는 즉시 울음을 그쳤다. 필자는 Marissa를 진정시켰고, 마침내 Marissa는 놀이를 할 수 있었다.

의심할 여지없이 이 영아가 이날 받은 스트레스는 다른 영아들도 늘 그렇듯 부모와의 격리 때문이다. 어머니는 영아와 함께 교실에 들어와야 하지만, 이날 어머니가 그렇게 하지 않아서 교사에게 그 과제가 넘어간 것이었다. 울화가 치민 영아들을 일시적으로 혼자 있게 하는 것은 최선일 수도 있지만, 앞 사례의 교사들은 정서적으로, 신체적으로 Marissa를 위해 자신이 교실에 있다는 것을 Marissa에게 인식시키지 못했다. 교사들은 "엄마가 너를 복도에 두고 가서서 화가 났구나. 들어가서 네가 기분이 좋아지도록 선생님이 뭘 할 수 있는지 보자."와 같은 단순한 말로 Marissa의 감정을 알아주어야 했다. 그러나 교사들은 Marissa의 신체를 교사의 의도대로 했고, Marissa를 정서적으로 거부했으며, 이런 행동들을 제대로 설명해 주지 않았다. 교사들은 영아를 안정시키거나 아니면 그 반대의 결과를 낳을 수 있는 권력을 가지고 있다. 영아들을 안정시키지 않으면 교사들은 부정적인 권력을 행사하는 것으로, 앞에서 설명했던 치유적이고, 양육적이며, 변형적인 권력과 반대되는 권력을 수행하는 것이다.

　이런 사례들은 실천적 타성태의 1차적 구조인 순차성을 보여 준다. 순차성의 특징은 호혜적인 관계를 배제하며(Sartre, 1960/1976), 순차적인 관계에서 개인은 아무런 의미가 없다. 즉, 순차적 관계에서 개인의 '실재적인 존재'는 무시된다(Hirsh, 1982, p. 76). 이런 순차성은 개인을 일종의 대상으로 격하시키는 장일 뿐이다. 인식과 호혜성의 부재는 다음 사례에서도 나타난다.

　　교사는 두 명의 영아를 침대 밖으로 안아 올려서 바닥에 앉혔다. 교사는 그 영아들 앞에 놀잇감 몇 가지를 놓아 주었다. 그러고 나서 의자에 앉아서 진행하던 문서 작업을 계속하였다. 아기들은 만족해하며 놀이하고 있었다. 어린이집 원장이 들어와서 교사와 이야기를 시작하였다. 몇 분 후 Kaitlin(7개월)이 교사에게 기어가더니 교사가 작성하던 문서를 보려고 했다. 교사와 원장은 Kaitlin을 무시하였다. Kaitlin은 교사의 다리를 잡으려고 하였다. Kaitlin이 울기 시작했다. 막 깨어난 다른 영아들도 침대에서 울기 시작했다. 두 명의 교사는 자신의 대화에만 집중하였다.

이 사례에서 만일 한 명의 교사가 Kaitlin의 존재나 Kaitlin이 관심을 끌려고 했던 행동을 인식하고 인정했더라면, 교사들은

Kaitlin을 무릎에 앉히고 그들의 대화를 지속할 수 있었을 것이다. 마찬가지로 한 명의 교사만이라도 침대로 와서 깨어난 영아들을 안아 주었더라면 대화를 지속할 수 있었을 것이다.

Kristen(9개월)이 넘어져서 울기 시작했다. 아기는 눈물이 그렁 그렁한 채로 손을 잡아달라는 듯 팔을 들어 올렸다. 필자가 아기를 잡아 주려고 다가가자, 교사가 "그 애를 잡아 주지 마세요. 받아 줄 필요 없어요."라고 말했다. Kristen은 계속 울었지만 교사는 이 영아를 무시했다.

필자가 교실에 들어가자 Clarke(12개월)는 눈물로 범벅이 된 얼굴로 울면서 필자에게 아장아장 걸어왔다. 교사는 몇 피트 떨어진 카펫에서 다섯 명의 영아들이 놀이하는 것을 보고 있었다. 필자는 Clarke에게 말을 건네려고 무릎을 굽혔다. Clarke는 계속 울면서 필자에게 팔을 뻗었다. 필자가 "안아 줬으면 좋겠니?"라고 말하면서 그를 안아 주었다. Clarke는 조용해졌고 필자에게 꼭 붙어 있었다. 이것이 우리의 첫 번째 만남이었는데, 우리는 그날 처음 만난 낯선 사이였다. 필자가 Clarke를 안고 있자, 교사는 Clarke가 아침 내내 울고 있었다고 필자에게 사무적으로 말했다. 교사는 Clarke가 최근 '늘 자기를 안아 주던' 할머니에게 다녀왔다고 알려 주었다. 그래서 Clarke가 안기려고 하는 것 같다고 말했다. 그러면서도 교사는 필자에게 자신은 Clarke를 안아 주지 않을 것이라고 하였다. 그날 필자가 그 교실을 떠날 때, Clarke를 내려놓았고, Clarke를 안정시키려던 필자의 노력에도 불구하고 Clarke는 다시 심하게 울기 시작했다.

앞의 두 사례에서 교사들은 영아의 정서 상태와 요구를 인식하고 있다. 교사들은 다른 영아나 업무 때문에 바쁘지는 않았지만, 원칙적인 이유로 영아의 상태에 반응하는 것을 거절했다. 교사들이 안아 달라는 영아의 요구에 응해야 할 이유는 없다. 사람들이 어떤 정서에 반응할 때, 자신에게 부여한 의미에 따라 반응한다(Gordon, 1985; Blumer, 1969 참조; Denzin, 1984). 여기서 문제는 교사에게 영아의 정서는 아무런 의미가 없거나 전혀 중요하지 않다는 것이다. 그래서 영아들은 거절당하고, 무시당하고, 정서적으로 고립되는 것이다.

Jolie(20개월)는 실습교사에게 화장실에 가고 싶다고 하였다. 화장실에서 실습교사는 Jolie의 바지가 젖었다는 것을 알게 되었다. 실습교사는 바지를 벗기고 Jolie를 변기 위에 앉혔다. Jolie가 변기에 앉아 있는 동안 실습교사는 교사에게 Jolie에게 일어난 일을 설명하고 갈아입힐 깨끗한 옷을 가져와 달라고 부탁했다. 교사는 옷을 가져와 바닥에 던졌다. 교사는 화를 내고 비난하며 "Jolie! 네가 한 행동이 마음에 안 들어! 바지 입고 볼일 보지 마. 역겨워!"라고 말했다. Jolie는 이런 교사를 쳐다보고 있다. 교사는 Jolie의 대답은 기다리지도 않고 나가 버렸다. 실습교사가 옷을 입히는 동안 Jolie는 당황해하며 어쩔 줄 몰라 했다.

Alex(18개월)는 다른 영아와 싸우다가 상대방 영아를 깨물었다. 그런데 이 상대방 영아가 Alex를 바로 깨물었다. 교사는 Alex에게 "깨물릴 만해."라고 말했다. Alex는 처벌로 '타임아웃'을 당했다. 잠시 후, Alex는 교사에게 다가가 안기고 싶다고 했다. 교사는 Alex에게 "안아 주고 싶지 않아."라고 말하여 거절하였다.

앞의 두 명의 교사는 영아의 행동에 대한 발달적인 측면도, 그리고 자신의 행동에 대한 결과도 고려하지 않는 것처럼 보인다. 예를 들어, 깨무는 행동은 부적절한 행동이지만, 이 행동은 자신의 분노나 짜증을 표현하는 데 제한된 언어 능력을 가진 걸음마기 연령의 영아에게는 전형적인 행동이다. 대소변 가리기는 시간이 지나면서 습득하는 기술이고, 영아의 신체 발달 및 능력과 많은 관련이 있는 기술이므로 영아가 기꺼이 따르도록 지도해야 한다. 교사들의 반응은 영아에게 그들의 행동을 이해하도록, 그리고 바꾸게 하지 못했다. 더욱이 교사들은 영아의 감정을 인정하고 반응하거나 또는 그런 행동에 대한 설명을 거부하고 있었다. 교사들이 따뜻하게 반응하지 않으면, 영아들은 자신에 대한 감정, 즉 자신의 정당성을 부정하게 된다.

거절하는 것, 애정을 거두어들이는 것, 용서해 주고 안정을 되찾도록 돕지 않는 것, 고립시키는 것, '타임아웃' 시키는 것 등의 방식으로 표현되는 처벌은 다음 사례에서처럼 영아의 정서적 표현에 대한 교사들의 일반적인 반응이다.

Paul(2세)은 소리 지르고 울면서 교실로 들어왔다. 얼핏 보면 Paul이 침을 뱉으면서 우는 것처럼 보인다. 교사는 Paul에게 "아기처럼 그렇게 행동하면, 너는 아기들과 함께 있어야 해."라고 말했다. 교사는 Paul을 기저귀 가는 탁자 옆에 있는 방구석에 두고 가 버렸고, 그곳에서 Paul은 부들부들 떨면서 계속 울었다. 다른 교사는 계속 Paul을 아기라고 불렀다.

이 사례에서 교사는 영아를 지지하거나 이해해 주지도 않았고, 이 영아의 감정 표현은 부끄러운 것으로 처벌받았다.[3] 이해, 용서, 위안을 바랐던 Alex처럼 이런 상황에서 영아는 정서적으로 무시당하고 있다.

울고 있던 Kyle(15개월)을 제외하고 걸음마기 영아들은 놀이를 하고 있다. Kyle이 교사에게 다가가자, 교사는 무릎을 구부리고 Kyle의 어깨 위에 손을 얹은 채 "너는 웃는 법을 배워야 해. 너는 항상 울고 있구나. 나는 너를 안아 주지 않을 거야."라고 말한다. 그러고 나서 교사는 Kyle를 그냥 두고 가 버린다. Kyle은 교사를 따라가면서 교사의 다리를 붙잡으려고 팔을 뻗었다. 교사는 화를 내면서 "저쪽으로 안 가? 입 다물어. 듣고 싶지 않아."라고 말한다. Kyle은 계속 서서 울고 있었다.

앞의 교사가 Kyle에게 기대했던 '정서적 활동'(Hochschild, 1983, p. 7)—요구에 미소 짓는 법 배우기, 즉 부정적인 정서를 억제하는 것—은 발달적으로 부적절하며, 정서적으로 민감하지도 않고, 자신의 정서 조절을 학습하면서 자신의 정서를 이해하도록 돕지도 않는다. 걸음마기 영아들이 그들의 정서나 정서적 표현을 조절하는 학습을 할 수 있다는 것은 논쟁의 여지가 없다. 문제는 성인들이 걸음마기 영아에게 어떤 방식으로, 어떤 상황에서, 어떤 이해와 결말을 통해 영아의 정서 조절을 기대해야 하는가다. 또한 여기서 제시한 사례들에서 정서 조절을 요구받는 영아들이 대부분 남아라는 사실은 남자가 우는 행동을 하는 것은 적절하지 못하다는 교사의 기대 때문일 수도 있음을 보여 준다.

Paul과 Kyle의 사례에 비춰 보면, 교사들이 영아들을 관리할 때 영아의 감정이 아니라 영아의 표면적인 행동에 주로 관심을 두고 있음을 알 수 있다(Power, 1985b). 영아의 정서적 실체, 정서적 표현, 영아의 반응 등은 아무런 영향력이 없어 보인다. 그 결과, 영아의 정서는 무시되고, 억압되고, 부정되고, 불명확한 채로 남게 된다. 그러나 영아들은 모두 동일하게 '옳은 것'을 학습하고 있는 것이다. 다시 말해, 영아들은 교사의 요구에 맞춰 자신의 행동과 정서 표현을 재구성하는 것을 학습하고 있다.

우는 행동은 영아나 걸음마기 영아에게 자신의 감정을 표현하는 비언어적인 주된 방식이다. 이 시기의 영아들은 울고 있을 때조차도 성인들이 자신을 수용해 준다고 알고 있다. 그러나 교사들은 다음 사례에서처럼 영아의 우는 행동을 거의 참지 못하는 것 같았다.

두 명의 영아가 침대에서 울기 시작한다. 이 영아들은 '야단법석을 떨었기' 때문에 침대에 있게 된 것이다. 한 명의 교사가 다른 교사에게 "저 애들이 없어졌으면 좋겠어."라고 말한다.

Lettia(8개월)가 놀이하는 카펫 위에 누워 있었다. 잠시 후에 Lettia가 울기 시작했다. 다른 영아들과 놀지 않고 의자에 앉아 있는 교사가 "Lettia, 조용히 해!"라고 소리쳤다. Lettia는 깜짝 놀라서 순간적으로 울음을 멈추지만 다시 울기 시작했다. 아무도 Lettia를 진정시키려고 노력하지 않았다. 결국 필자가 Lettia를 안아 주자 Lettia는 조용해졌다.

Kara(4개월)가 울고 있다. Kara는 눈에 눈물이 그렁그렁 맺힌 채로 필자를 향해 팔을 버둥거렸다. 필자가 Kara에게 다가가자, 교사는 "안아 주지 마세요. Kara는 처음 보는 사람에게 그래요. Kara를 받아 줄 필요 없어요."라고 말했다. Kara는 계속 울었다. 필자는 Kara를 잠깐 안아 준 후 장난감에 관심을 갖게 했다. 그래도 Kara는 계속 울었고, 교사는 Kara를 무시했다.

Kara가 처음 보는 사람에게 그렇게 할지도 모른다. 이는 Kara가 담임교사들이 자신에게 정서적으로 도움이 되지 않는다는 것을 이미 학습했기 때문에 교실에 오는 새로운 사람들에게 다가가는 것이다. Kara는 정서적으로 의지하고 위안을 받을 수 있는 성인을 찾기 위해 순서를 바꿔 가면서 다른 사람들에게 계속 다가갈 것이다. Reynolds(1990)는 다음과 같이 썼다.

> 손잡아 주기, 쓰다듬어 주기, 어루만져 주기, 안아 주기 등
> 은 영아에게 매우 실질적인 신체적(그리고 정서적) 요구다.
> 어른들은 때로 '관심을 끌기' 위한 행동이라고 이름을 붙이며
> 이런 요구를 깎아내린다. '깎아내린다'는 언어가 감정과 관련
> 되면 감정의 양과 그 정도를 파괴하고 무시하는 것을 의미하
> 며, 현재의 감정을 그 자체의 감정보다 덜 중요한 것으로 인식
> 하게 된다(p. 79).

Rory(17개월)는 어머니가 교실에서 나가자 울었다. Rory의 울음소리는 문 유리에 얼굴을 부비면서 더 커졌다. 때때로 Rory는 자신을 무시하는 두 명의 교사를 돌아보았다. Rory의 얼굴과 눈이 붉어졌다. 10분 후, 한 교사가 Rory에게 가서 "진정해."라고 말했다. Rory는 울음을 멈추고 교사를 쳐다보았고, 교사도 Rory를 쳐다보았다. 그러자 Rory는 다시 울기 시작했다. 교사는 Rory에게 다시 진정하라고 말했다. Rory는 계속 울었다. 교사는 걸어가며 "나를 여기서 빼내 줄 사람?"이라고 말했다. 15분 후에 창문을 통해 그 광경을 보고 있던 원장이 교실에 들어와 Rory를 안아주었다. Rory는 금방 조용해졌다. 원장은 Rory와 함께 있다가 잠시 후에 장난감에 관심을 갖게 했다. 눈물 맺힌 눈으로 훌쩍거리면서도 Rory는 점점 반응하기 시작했다.

이 사례에서 한 교사(원장)는 Rory에게 기꺼이 관심을 가지고 Rory를 안정시키려 했으며, 행복하지 않은 걸음마기 영아를 차분하게 진정시키고 주의를 환기시키려는 반응적인 교사의 권력을 보여 주고 있다. 하지만 이런 상황은 담임교사의 무시, 거절, 참을성 없는 표현이 벌어지고 나서 한참 후에 일어난 것이다.

> Janine(11개월)은 침대 손잡이를 잡고 서 있었다. Janine은 조용히 훌쩍였다. 침대에 오래 서 있을수록 Janine은 점점 짜증을 냈다. 필자가 Janine에게 가 보니 Janine은 고무젖꼭지를 잡으려고 하고 있었다. 필자가 고무젖꼭지를 주자, 교사는 Janine가 고무젖꼭지를 가지면 안 된다고 말하며 그것을 빼앗았다. Janine은 울기 시작했다. 필자가 교사에게 왜 Janine가 고무젖꼭지를 가져서는 안 되는지 물었더니, Janine가 이 고무젖꼭지를 다른 아기들과 같이 쓰려고 하기 때문이라고 교사가 설명했다. 그래서 이를 막기 위해 교사는 Janine에게 Janine의 침대에 있는 고무젖꼭지만 쓰게 했다. Janine은 계속 울었지만, 교사는 Janine의 침대에 고무젖꼭지를 넣어 주지 않았고 다른 대체물도 주지 않았다. 그리고 교사는 Janine을 놀이에 참여시켜 Janine의 관심을 돌리려고 하지도 않았다.

이상의 사례들은 인간 존재가 반드시 타인을 지향하지 않음을 보여 준다. 관리자로서 교사는 정서적으로 영아와 함께하고 있지 않다. 이러한 정서적 분리는 영아의 관점을 이해하고 반응할 수

있는 교사의 능력을 축소시킨다. 이어서 이런 능력이 부족하면 영
아와 교사들은 더욱 분리된다. Hochschild(1983)에 따르면, "감정
은 우리가 무엇을 보고, 무엇을 기억하고, 무엇을 상상하는지 등
우리 스스로 관련 있다고 학습한 것에서 생겨나며"(p. 196), "감정
에 접근하는 것을 놓친다면, 우리는 우리를 둘러싼 세계를 해석하
는 중요한 수단을 잃어버리게"(p. 188) 된다. 다음 사례들은 교사
의 정서적 분리가 어떻게 영아의 정서 표현을 어긋나게 해석하고
겉치레로 해석(Derzin, 1984)하는 결과를 낳는지 보여 준다.

Selena(8개월)는 3시간 동안 낮잠을 잔 후에 한 시간째 깨어
있다. Selena는 '심기가 불편'해지면서 흥분하고 훌쩍거리기 시작
했다. 교사는 기저귀가 젖었는지 확인했으나 깨끗했다. Selena는
30분 전에 우유를 먹어서 배고픈 것도 아니었다. 교사는 Selena
가 피곤하다고 생각하고 침대에 다시 눕혔다. 교사들은 Selena가
함께 놀고 싶어 한다고 생각하지 않은 듯했다.

영아들이 낮잠에서 깨어났다. 교사가 Jamie의 양말을 신기는
동안 Patsy(23개월)가 얼굴이 빨개진 채 울면서 교사에게 다가간
다. 교사는 Patsy가 우는 것을 알았지만, 무엇을 원하는지 알지
못한다고 말했다. 교사는 Patsy를 안아 주거나 안고 있지도 않았
으며, 놀잇감이나 간식으로 Patsy의 관심을 전환하지도 않았다.
Patsy가 한참 동안 소리치며 울자, 교사는 Patsy의 행동에 어떤
이유가 있는지 알아보려고 Patsy의 체온을 재어 보았다. Patsy는

열이 나지 않았지만, 교사는 Patsy의 어머니에게 전화를 걸어 의
사에게 Patsy를 데려가라고 말하였다.

정서적 노동으로서의 보육

Noddings(1984)는 "보살핌의 자연스러운 순환에서 벗어나면,
부담을 느끼기 시작하며"(p. 52), "자연스러운 애정과 호혜성이
파괴된다."(pp. 74-75)라고 하였다.[4] 보살피는 능력의 범위가 무
엇이든지 간에 보살핌은 교사에게 '본성적'인 것으로 요구되지만
어린이집 환경에서는 방해받기 쉽다. 업무적인 측면에서 보살핌
을 분석해 보면, 영아를 보살피는 것은 영아를 관리하는 것으로
변형된다. 보육교사의 업무로서 모든 정서적 반응은 정서적 노동
이 되며, 감정을 공개적으로 관찰 가능하도록 운영하는 것은 급여
를 받기 위한 것이다(Hochschild, 1983).[5]

이런 노동은 다른 사람에게 마음의 적절한 상태인 외형적
인 표정을 지속적으로 보여 주기 위해서 자신의 감정을 타인
의 마음에 맞추어 억압하거나 유도하는 것을 요구한다. 이런
경우, 존재의 감정은 우호적이고 안정적인 장소에서 보살핌
을 받아야 한다(p. 7).

그리고 이런 노동이 일어나는 장소에서는 자아와 타인이 소외

되고 고립되는 가능성이 존재한다. 다음 사례를 살펴보자.

> 오늘의 간식은 크게 잘린 신선한 과일이다. 교사는 자신의 손
> 이 닿지 않는 영아들을 위해 과일을 책상 위로 살짝 던지듯 나누
> 어 준다. 교사는 간식을 먹을 때까지 영아들에게 앉으라는 말 이
> 외에는 아무 말도 하지 않았다. 낮잠에서 막 깨어난 Jake는 배
> 가 고파 젖병을 찾았다. 교사는 Jake를 침대에 둔 채로 이유식
> 을 준비했다. 교사는 우유병 밑에 담요를 받쳐 우유병을 잡지 않
> 아도 Jake의 입에 우유병이 고정되게 하였다. 교사는 자리로 돌
> 아와 소설을 읽었다.

교사의 정서 노동은 복합적인 특징을 띤다. 교사들은 하루 동안
그리고 시간에 따라 각 영아들이 보살핌을 받을 수 있는 전략을
개발해야 하고, 매일 부모에게서 영아들을 분리시켜야 하기 때문
이다. 다시 말해, 교사는 정서적으로 매우 깊게 몰입하다가 우아
하게 몰입을 중지해야 하는 두 가지 요구를 동시에 기대받으며 이
를 실행해야 한다(Zigler & Lang, 1991).

보살핌의 관계에서 영아는 교사들의 보살핌 능력을 유지시키기
에는 부족할 수 있다. "영아는 보살핌의 관계에서 동등하게 보답
하지 못한다. 영아는 특별한 헌신과 관심을 요구하기 때문이다."
(Grimshaw, 1986, p. 253) 이처럼 장시간 동안 타인 지향적이어야
하므로, 영아를 보살피는 것은 교사들에게 상당한 정서적 긴장을
유발할 수 있다. 더욱이 가정에서 양육받는 것과 달리 어린이집에

서 영아들은 교사에게 신체적 · 정서적 의존성을 발달시키지는 않는 것 같다. 그 이유는 어린이집 영아들은 나이가 들면서 새로운 교실로 옮기게 되고, 그 자리를 또 다른 어린 영아들로 채우기 때문이다. 영아들이 다른 교실로 옮겨 가기 때문에, 교사들은 영아들이 성장하면서 개별 영아들의 '자아 드러내기'(Noddings, 1984, p. 73)라고 설명되는 현상을 보며 기뻐할 기회를 보장받지 못한다.

성인 간의 관계에서는 상호적인 보살핌이 가능하지만, 필요성에 의해서 이용하는 어린이집에서 보살핌의 관계는 두드러지게 일방적인 양육 관계로, 교사는 양육자로서 보살핌을 제공하는 사람이며, 영아는 양육되는 사람으로서 보살핌을 받는 존재다(Klein, 1989). 기쁨은 보살핌을 받는 모두에게 있는 것 같지만, 교사에게는 그렇지 않을 수도 있다. 교사들은 영아를 보살피면서 정서적으로 만족한다는 신화적인 유혹에 '속는다.'고 느낄 수 있다(Rose, 1986). 이 연구의 사례들과 어린이집의 근무 환경을 조사한 일부 연구에 따르면, 교사의 1/4이 교사의 업무 중 가장 싫은 업무가 영아들을 다루는 것이라고 밝히고 있다. 이는 놀랍지 않지만 슬프게도 아이러니하다(Kontos & Stremmel, 1988, p. 88).

교사는 Linnie(5개월)를 영아용 의자에 앉혔다. 교사가 Linnie에게 시리얼과 과일을 먹이자 Linnie는 앉아서 흡족하게 우유를 먹었다. Linnie가 다 먹고 나자, 교사는 쟁반에 놀잇감들을 놓아 주고, 높은 영아용 의자에 Linnie를 그대로 앉게 했다. 그리고 교사는 흔들의자에 앉았다(다른 아기 두 명은 자고 있었고, 필자는 다른 아기들과 놀이하고 있었다). Linnie는 놀잇감을 잠깐 가지고 놀았지만, 곧 내려오고 싶다고 했다. 교사가 반응하지 않자 Linnie는 놀잇감을 하나씩 쟁반 밑으로 떨어뜨리면서 그것들이 바닥에 떨어지는 것을 지켜보고 있었다. 그리고 나서 Linnie는 울기 시작했다. 교사는 말없이 놀잇감들을 주워서 쟁반 위에 올려놓았다. Linnie는 다시 놀잇감을 던지며 울었다. 교사는 다시 놀잇감들을 쟁반 위에 올려 주었다. 이런 상황이 한 번 더 반복되었고, 필자는 교사에게 "Linnie가 내려와서 놀고 싶어 하는 것 같아요."라고 말했다. 교사는 "Linnie는 계속 관심을 받으려고 너무 버릇없게 굴어요."라고 대답했다. 그러면서 Linnie를 영아용 의자에서 내려주고 카펫 위에 앉게 했지만 Linnie와 상호작용하는 것을 거부했다.

교사는 Andrea(7개월)의 침대 곁을 서성거리다 힘껏 침대를 흔들었다(침대는 잠기도록 만들어지지 않았다). Andrea는 침대 구석에 있던 공 쪽으로 데굴데굴 굴렀고 울기 시작했다. 교사는 10분간 침대를 계속 흔들었다. 그리고는 Andrea를 들어 침대 앞 타일바닥에 내려놓았다. 교사는 "잠을 자지 않으면, 거기에 앉아 있어야 해."라고 말한 후 다른 곳으로 가 버렸다(Andres의 부모가 교실에 있었고 이를 목격했다). 잠시 후 Andrea는 바닥에 누워서 눈을 비비고 있었다. 교사는 아기를 안아서 기저귀를 갈아주고 Andrea를 침대에 눕혔다. Andrea가 다시 울기 시작했다. 교사는 침대를 흔들기 시작했다. 이런 과정이 얼마간 지속되었다.

교사는 Andrea에게 부드럽게 말하지도, 등을 토닥거려 주지도 않았다. 다른 교사가 오더니 이 상황을 보고 Andrea를 안아서 흔들의자에 같이 앉았다. 10분쯤 지나자 Andrea가 잠들었다. 그 후 교사는 Andrea를 살며시 침대에 눕혔고 Andrea는 계속 잠을 잤다.

교사의 '소진(burnout)'이 보육의 질에 영향을 준다는 연구 결과는 이전부터 주목받아 왔다(Maslach & Pines, 1977; Whitebook, Howes, Darrah & Friedman, 1982). Maslach와 Pines(1977)에 따르면, 교사가 업무에 따른 정서적 스트레스에 대처하다 보면 타인이나 타인의 감정을 인식하지 못하게 된다고 설명하면서, 이 과정을 비인간화 과정이라고 정의하였다. 이런 교사들은 수동적으로 반응하고, 보살핌을 멈추고, 영아에게 소원하거나 무관심하게 된다(Hochschild, 1983). 이런 교사들은 자기 보호의 행위 차원에서 자신과 자신의 정서를 드러내지 않을 수 있다.

소외된 노동으로서의 보육

여기서 설명된 교사들에게 보살핌은 소외된 노동일 수 있다(Marx, 1844/1983).[6] 소외된 노동이란, 어린이집을 포함해서 사회적 조직이라는 특정한 유형에서 유발되는 일련의 반응이다. 다시 말해, 소외된 노동은 자신의 노동에 대한 종사자의 통제력이 부족하거나, 자신의 노동에서 즐거움과 복지가 결여되어 있거나 때로

는 그 사회가 종사자의 업무를 존중하지 않을 때 나타나는 일종의
결과다. 교사들은 언제 영아들이 다른 교실로 진급해야 하는지,
또는 교사가 몇 명의 영아들을 책임져야 하는지 등과 같은 프로그
램 운영에 관한 의사결정 과정에서 종종 배제되어 왔다(Benson,
n.d.). 교사들의 실천은 그들에게 강요된 실천적인 한계에 저항하
려는 시도로 일부 진화했을 것이다. 교사들은 영아의 지속적이며,
예측할 수 없고, 강요되는 요구에 늘 직면하기 때문에, 타인을 위
해 일하면서도 교사 자신의 개인적인 자율성과 함께 통제력이 상
실된다고 느낄 수 있다.

　보육교사들은 "무력감, 무의미함, 고립, 자기소외와 같은 형태
의 소외감"(Gintis, 1972, p. 3)을 경험한다. 영유아 보육은 미국 내
에서 최저 임금을 받는 직업 중 하나다(Modigliani, 1986). 교사의
일과는 끝없이 반복되는 기저귀 갈기, 음식 먹이기 등과 같이 관
례적이고 고된 일로 이루어져 있다. 교사의 신체적 복지에 영향을
주는 직업적 재해는 좀처럼 주목받지 못해 왔다. 이를테면, 영아
들을 자주 안아서 옮기는 데서 오는 긴장, 그리고 전염병에 대한
노출 등이 그 예다. 계속 울어대는 영아의 울음소리는 스트레스,
두통, 배탈 등을 유발할 뿐 아니라(Reynolds, 1990), 이 연구에서
보듯이 정서적인 무관심으로 나타난다. 교사들은 한두 명의 다른
성인들과 함께 일하지만, 영아들은 이 성인들에게도 관심을 요구
하기 때문에 각각의 교사는 성인 사회에서도 점차 고립되어 간
다.[7] 영아들의 요구는 동시다발적으로, 그리고 경쟁적으로 교사
에게 쏟아지고, 그런 요구들을 수용할 만한 개인적 자원이나 기관

의 자원은 부족하기 때문에 이 문제는 악화될 수밖에 없다.

소외(alienation)는 실패 그리고 건성으로 대하기 등을 포함하며 (Schwalbe, 1986), 무관심의 형태로 나타나기도 한다(Goffman, 1967). 소외된 정서적 노동이기 때문에 영아를 보살피는 것은 자신의 정서적 자아와 영아의 정서적 자아를 인식하는 것을 방해할 수 있다.[8] 교사가 영아의 행동과 정서 표현을 인식, 이해, 반응하지 못하고, 돌보는 영아들과 호혜적인 관계를 형성하지 못하고, 교사 자신 또는 자신이 보냈던 아동기의 독특한 특성을 인식하지 못한다면, 교사의 '소모적인 노동(exhausting labor)'(Sartre, 1960/1963, p. 13)은 주변 세계를 소외시킴과 동시에 주변 세계로부터 소외당한다. 교사의 소외는 영아에게 전이되어 영아들은 교사의 업무 과정에서 다음과 같은 소외를 경험한다.[9]

두 명의 교사가 네 명의 영아와 함께 바닥에 앉아 있다. 따로 떨어져 있던 영아 Alan(7개월)이 흥미를 보이며 기어 왔다. 한 교사가 Alan에게 "안 돼, 오지 마. 너는 너무 무거워서 안 돼. 뚱보 Alan, 저쪽으로 가!"라고 말했다. 그 후 그 교사는 "Martha(다른 교사)에게 가."라고 말했다. Alan이 Martha를 쳐다보자, Martha도 "안 돼, 나도 안 돼, Alan. 그냥 거기에 있어."라고 말하자, Alan은 혼란스러워했다. 그리고 첫 번째 교사가 Alan을 울타리가 있는 놀이장에 옮겨 주고 "너는 여기서 놀아, Alan."이라고 말하면서 가 버렸다. Alan은 놀이장 밖으로 나오려고 했으나 호통 소리를 듣고는 다시 놀이장 안으로 들어갔다.

교사는 Brad(6개월)에게 점심 식사인 젖병을 주었다. Brad는 작은 테이블이 있는 영아용 의자에 앉아 있었고, 교사는 그 옆의 의자에 앉아서 젖병을 잡고 있었다. Brad는 모빌이 걸려 있는 천장을 바라보면서 천천히 우유를 먹었다. 교사는 반복적으로 젖병을 Brad의 입에 찔러 넣으면서 그리고 젖병을 앞뒤로 움직이면서 말했다. "Brad, 너는 이 교실에서, 이 세상에 하나뿐인 아기가 아니야. 어지럽게 하지 말고 우유 먹어라."

이상의 사례에서 보듯이 소외된 정서적 노동으로서 영아를 보살피는 일은 교사들이 영아를 적대적인 대상으로 간주하면서 적대감과 고통스러운 감정이 난무하는 현장이 되어 버린다(Rose, 1986). 교사가 느끼는 무관심, 소외, 적대감 등은 영아들을 통제하고, 처벌하고, 무시하는 방식으로 드러나는 부정적인 권력 실행으로, 그리고 이 장의 사례들에서 발췌된 다음 언어로 나타난다.

저 아기를 죽이진 않을 거예요.

저쪽으로 가 줄래? 그만 울어. 듣고 싶지 않아.

난 저 아기들이 없어졌으면 좋겠어.

조용히 해!

날 여기서 빼내 줄 사람!

넌 여기로 오지 마…… 저리 가!

이처럼 정서적으로 소외된 교사의 모습은 부모에게 제공되는

어린이집 프로그램의 소책자 사진과는 아이러니하게도 대조적이
다. 사랑으로 가득 찬 보육의 신화를 광고하는 이런 책자들에 반
복적으로 나타나는 다음 문구들을 생각해 보자.

> 보살펴 주는 교사들……
>
> 따뜻하고 신뢰할 수 있는 분위기……
>
> 양육에 초점을 두어 수행되는 하루 일과……
>
> 영유아들은 안전하며, 사랑받고 있으며……
>
> 따뜻하고 양육적인 분위기……
>
> 교사들은 개별 아이들 그리고 모든 아이에게 진정한 관심
> 을 보여 주며……
>
> 우리는 학습이 절대적인 기쁨을 주리라 확신하며……
>
> 따뜻하고, 사랑이 넘치며, 안전한 환경……

모성애를 팔 수 있는 상품이라고 본다면, 보육은 우리 문화에서
인간의 감정을 상품화할 수 있는 또 다른 예로 확립될 수도 있다
(Hochschild, 1983). 영아를 보살피는 일은 우리 사회에서 인간을 대
면하는 소외와 자기 파괴적인 정서를 경험하는 현장의 본보기로 간
주되기도 한다(Denzin, 1984). 어린이집 영아들이 "잘 아는 친숙한
세계에서 잘 모르는 생물학적 낯선 세계로"(Loseke & Cahill, n. d.
p. 3) 옮겨지면서 앞에서 묘사된 풍부한 사랑이라는 신화는 사라
진다.

(교사들은) 돌보는 영아를 사랑하는 어머니가 되어야 한다
는 이상적인 생각에도 불구하고 경제적인 거래는 (교사들을)
고용된 사람으로 전락시켰으며, 어머니와는 구별되게 한다
(Loseke, 1989, p. 323).[10]

고용된 사람으로서 교사들은 한 장소에 갇혀 있는 다수의 비슷한 연령의 아기들에 대해 책임을 가지며, 자신과 관계없는 다른 교사들과 업무를 공유하고, 장학사, 부모, 허가를 내주는 공무원들에게 법적 의무에 걸맞은 책무감을 가져야 한다. 교사들이 양육을 제공한다는 개념은 교사들이 정서적으로 중립적인 역할을 해야 하는 '전문인'이 되기를 바라는 기대와 모순된다(Power, 1987).[11] Sheldon White(1983)에 따르면, 교사들은 "영아의 정서적인 삶을 거부하며…… 관여하지 않는다. 설사 관여하더라도 아주 조금 또는 긍정적이지 않은 방법으로 관여한다."(p. 12)

초월할 수 없는 아동기

종일제 보육의 연속성은 영아와 교사가 같은 시설, 같은 공간에 함께 있다는 것과 관련된다. 교사와 영아들이 함께 지내는 시간이 많음에도 불구하고, 교사와 영아들은 정서적으로 격리되어 있다. 때로 교사가 신체적으로 영아에게 지나치게 관여할 때도 있지만, 정서적인 문화는 빈약하다. 앞에 제시된 사례들을 통해 교

사들이 어떻게 영아의 삶에 관여하지 못하고, 경험을 공유하지 못하는지, 그리고 어떻게 영아의 감정 표현과 관점을 이해하거나 반응하지 못하는지를 보여 준다. 또한 사례들은 영아들과 교사들이 서로에 대해 또는 서로를 위해 보살피지 못하는 '다수의 소외'(Sartre, 1960/1976, p. 256)를 어떻게 경험하는지도 보여 주고 있다.

"자신과 타인을 양육하는 능력은 양육을 받아 본 경험을 통해 발달한다."(Love & Shanklin, 1983, p. 283) 앞 사례들에서 영아들은 양육받는 경험을 거부당하고 있다. 운영 과정에서 보살핌을 강조하는 기관이라면, 여기서 묘사된 정서적 소외와 비인간화는 아동 보육에서 수용될 수 없다. 영아가 어린이집에 가지 않는 시간 동안 부모에게 무조건적인 사랑을 받는다 하더라도, 어린이집에서 정서적으로는 공유하지 않으면서 신체적으로는 과도하게 개입하는 교사들과 하루에 10시간씩 보낸다는 것은 더 많은 것을 시사한다. 영아의 정서와 자아를 인정하고 반응하면서 그에 대한 의미를 부여하지 않기 때문에, 교사들은 각 영아에게 '자아 상실'(Schroeder, 1984, p. 134)을 조장하는 셈이다.[12] 이는 Suransky(1983)의 결론처럼 "영아는 원하지 않은 기관에 수용되어 그 기관들이 각 영아의 자아를 벗기게 내버려 둠으로써 영아는 이런 자아로 영유아기를 구성"(p. 154)하게 되는 것이다.

Shelby Steele(1990)는 교사가 가하는 처벌에 대한 자서전적 설명을 통해 처벌은 영아의 자아에 다음과 같은 결과를 초래한다고 제시한다.

(이러한 처벌들은) 삶에서 자아에 대한 불신을 생겨나게 하고, 신뢰하는 자아와 영원히 결합해서 불안에 대한 인간의 내재적인 특성을 확장하고 심화시킨다. 영유아기에 우리는 거친 세상을 만나면서 어떤 방식으로든, 그리고 어느 정도의 상처를 받게 된다. 이런 상처에서 불신하는 반자아(anti-self)가 탄생하는데, 이런 반자아는 내면의 적대적인 파괴자로서 세상이 우리를 부정적으로 보는 시선을 기꺼이 받아들이게 하며, 그 상처로 인해 우리 자신을 가치 없는 사람으로 정당화하게 하며, 일생 동안 의심의 목소리 그 자체로 고정화된다(p. 36).

영아들은 자신의 세계를 구성하는 능동적인 행위자이지만, 타인이 구성해 놓은 세계라는 거울을 통해 자신을 이해하기 시작한다(Wartofsky, 1983). Sartre는 "타인의 시선을 통해 나는 내 자신으로 살아간다." (1943/1956, p. 359)라고 하였다.[13] 영아에 대한 교사의 '시선'은 어떠한가? 여기서 제시된 사례들을 반성적으로 사고하여 해석해 보면, 어린이집에서 교사의 시선은 영아들을 중요하지 않은 존재로 여기고 있다고 말할 수 있다. 왜냐하면 어린이집에서 영아의 의도성과 정서성은 심하게 억제당하기 때문이다. 영아들이 이런 집단 보육에 참여하는 것은 그들에게 개별적인 자아의 상실이나 침체를 요구한다. 어린이집에서 영아들은 '본연의 자신이 아닌 존재로 여겨지면서' Heidegger가 말한 '군중'이 되어 버린다(Schroeder, 1984, p. 129).

Wartofsky(1983)는 영아들이 자신을 창조하고, 차별화하고, 개별화하는 정도를 과소평가하지 말라고 경고한다. 또 다른 학자들은 후속 경험이 그 이전의 경험을 개선시킨다는 연구 결과(Kagan, 1984; Yarrow, 1979 참조)들을 제시하면서, 일개의 사건들은 미래의 발전에 결정적이지 않다고 말하기도 한다. 그러나 동시에 "영아기의 경험과 감정은 지속되며"(Bowman, 1989, p. 450), "개별 경험은 이후의 미래 경험 속에 존재한다."(Dewey, 1938, p. 28) 영아는 "매우 어린 연령에 느꼈던 감정을 회상하며, 강력하게 느낀다. 그러나 너무 어리기 때문에 이런 감정을 말할 수 없을 뿐이다."(Piers, 1989, p. xiii) 따라서 우리 성인의 의무는 영아의 세계에 감정이입하여 우리 자신을 투영시켜 영아들의 몸짓언어를 이해하는 것이다.

반복되는 정서 경험은 정서적 실천과 이해에 영향을 준다(Denzin, 1984). 어린이집 영아들의 정서 경험은 자신, 타인, 그들이 공유하는 세계에 대한 이해로 통합된다. 이런 정서 경험은 개인적인 자서전의 일부분을 구성하므로, 이런 사례들은 개인적 문제의 일부가 될 수 있다. 어린이집이라는 세계에서 살아가는 특정한 방법들은 '초월할 수 없는 아동기'(Sartre, 1960/1963, p. 65)로 설명할 수 있을 것이다. 왜냐하면 영유아는 엄격하게 관리되고, 정서적으로 메마른 환경 내에서도 자신의 세계를 구성하고 의미를 부여하기 때문이다.

요 약

　이 장에서 필자는 교사와 영아 간에 문제가 되는 정서적 상호작용을 설명하였다. 이런 사례들은 영아와 교사들이 정서적으로 격리되어 있고, 영아들이 대상화되어 있으며, 교사들은 정서적 노동에 몰입하면서도 소외되고 있는 현장, 즉 Sartre가 말한 '실천적 타성태'의 현장에 영아와 교사들이 어떻게 붙잡혀 있는지를 잘 보여 준다. 그리고 이런 일시적인 순간은 영아가 자신, 타인, 그들의 세계에 부여하는 의미에 심오하면서도 부정적인 영향을 줄 것이라고 결론지었다.

제5장
정서적으로 민감한
보육에 권력 부여하기

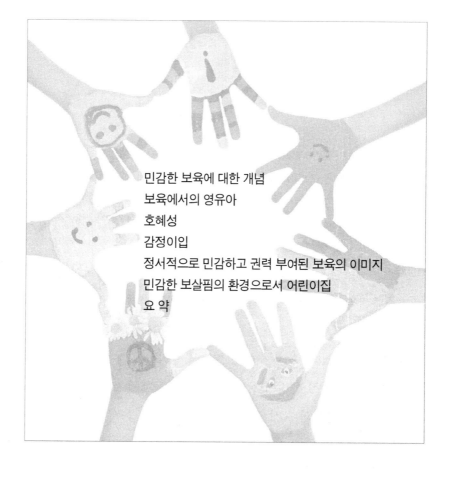

제5장 정서적으로 민감한 보육에 권력 부여하기

> 만일 내가 무언가에 의식을 쏟는다면, 어떤 행위로도 이것을 접할 수 있고 그 의미를 알 수 있을 것이다. 왜냐하면 이런 행위들은 나의 신체로 가능한 활동의 주제이기 때문이다.
>
> – Merleau-Ponty, *The Primacy of Perception*

Sartre는 소외감의 지속성은 절대적이지 않다고 주장하였다. 집단 내에서 지속적인 소외감은 "긍정적이고 내면적인 호혜성, 상호 인정하면서 자유로운 협력적인 연합으로 전환"(Hirsch, 1982, p. 76)될 수 있다. 필자는 이런 전환을 관찰한 적이 드물지만, 이 전환이 어린이집 환경에서 영아들과 교사들에게 일어날 수 있다고 믿는다. 영아와 교사 간의 권력과 정서라는 문제가 되는 관계에 대한 비판은 보육에 대한 좀 더 긍정적인 이미지를 시사한다. 아기들이 울면 안아 주어야 하며, 피곤해하면 재워야 하고, 자기 주도적인 놀이—일반적으로 발현적인, 주도성 있게 행동하고 그들만의 '프로젝트'를 추구하는 것을 정서적으로 지지해 주는 놀이—를 할 수 있어야 한다.

이 장에서 필자는 어린이집 내에서 정서적으로 민감하게 반응하는 것이 무엇인지, 보육에 권력 부여(empowering)하기에 대한 개념을 탐구해 보고, '영아에게 친절한'(Polakow, 1992) 프로그램의 청사진을 구성해 보려고 한다. 이 과정에서 정서적으로 민감한, 보육에 권력 부여를 할 수 있는 가능성을 보여 주기 위해 문제가 되는 경험을 해석하면서 적용했던 동일한 철학적·이론적 관점을 활용하였다. 이 관점들은 관계의 맥락에서 영아 발달에 대한 철학적 입장의 토대로, 관계의 의미와 시사점을 서술하기 위해 제시한 현장 사례들을 해석하는 데 그대로 적용하였다. 필자는 이 장에서 기관 중심 보육 프로그램이 어떻게 조직되어야 정서적으로 민감하고 권력을 부여하는 보육이 될 수 있을지에 관한 몇 가지 생각을 제안하고자 한다.

민감한 보육에 대한 개념

중요한 것은⋯⋯ 영아들은 많은 시간 동안 애정적인 감정을 격려받고, 존중받고, 이해받는 방식으로 보육을 받아야 한다. 관계가 가지는 전제, 즉 요구에 부합해야 한다는 전제는 타인과의 관계 내에서 전개되어야 한다.

– Pawl, *Infants in day care*

민감한 보육은 영아의 자율성과 권력 부여라는 자유에 대한 영아의 경험에 토대를 두고 있다. 다시 말하면, 정서적 몰입과 정서적 진정성은 민감한 보육의 기초가 된다.[1] 영유아들은 인간관계에서 민감한 반응으로 정의되는 관계를 경험하면서 자아를 인식하게 된다(Gilligan, 1988 참조). 따라서 권력 부여와 정서성은 민감한 보육과 연결되어 있다. Packer(1987)에 따르면, "영아들은 기술이 풍부한 사회적 존재인 만큼 친숙한 상호교환 관계를 경험한 결과로 행위와 독립심을 발달시킨다."(pp. 3-4)

민감한 보육은 영아와 교사 간의 상호작용의 본질(특성)에 있다. 민감한 보육은 신체적인 보살핌 이상의 개념으로, 상호적 또는 최소한 잠재적으로 상호적이어야 하며, 인성적으로, 정서적으로 관여하는 것을 포함한다. 민감한 보육은 능동적이고 정서적인 대상으로서 영아를 존중하라고 요구한다. 그리하여 영아의 몸짓의 의미에 대해 사고하고, 의사소통하려는 영아의 노력에 민감하게 반응하며, 존재에 대해 탐구하도록 격려한다. 정서적으로 민감한 교사는 영아의 세계에 들어가서 참여하려고 하며, 영아의 정서적 표현과 이해를 통해 영아가 체험한 경험을 이해하고 민감하게 반응하려고 한다. 이는 보육이란 '영아 존재에 근거'(Suransky, 1977, p. 291)해야 함을 의미한다.

영아들을 위한 집단 보육 환경에서 민감한 보육은 테크닉적인 기술이나 실제에 대한 일련의 규정을 적용하는 간단한 문제가 아니다. 민감한 보육과 관련된 고정적이거나 특정한 공식은 없다(Gabarino, Stott, and the Faculty of The Erickson Institute, 1989;

Noddings, 1992). 이어서 필자는 민감한 보육과 관련된 세 가지 개념—영아, 호혜성, 감정이입—을 탐구하면서 민감한 보육의 개념을 이해하고자 한다. 이는 3장과 4장의 현장 사례에서는 빠져 있는 주제들이다.

보육에서의 영유아

> 걸음마기 영아들은 인간이 지닌 반대되는 두 충동 사이의 긴장을 보여 준다. 그래서 보육의 취지는 자유롭고, 제한되지 않고, 금지되지 않는 탐색…… 그리고 친밀한 관계로 이루어진 보호적인 분위기에서 안정감을 추구하는 것이다.
>
> – Lieberman, *Attachment and exploration*

민감한 보육은 영아에 대한 특정한 이해와 감식을 요구한다. "애착, 친밀감, 감정이입, 격리, 자율성, 자아감, 자긍심 등은 생후 3년 동안 주요한 이슈들이다."(Pawl, 1990b, p. 7) 영아들은 어린이집 환경에서 능동적이고, 반성적인 사고를 하고, 해석적이고, 정서적인 참여자다. Polakow(1992)가 말했듯이 "영아들은 세계에 존재하고, 세계를 향해 행동하며, 그 세계에서 무언가를 발견한다. 이렇게 행동함으로써 의도성과 목적성 있는 근본적인 인간 활동을 수행한다."(p. 173) Gonzalez-Mena와 Eyer(1993, pp. 68-69)가 설명한 다음 사례를 생각해 보자.

세 명의 영아가 누워서 팔을 흔들면서 주변을 둘러보고 있다. 교사가 아기들 옆에 앉아서 아기들의 손이 닿을 수 있는 곳에 밝은 색깔의 스카프들을 가지런히 놓아 주었다. 푹신한 비치볼도 준비하였다. 아기 한 명이 스카프를 잡고 공중에서 흔들다가 날렸다. 이 스카프는 옆에 있던 아기 근처에 떨어졌고, 이 아기는 잠깐 그것을 보더니 돌아서서 자기 얼굴 근처에 놓여 있는 빨간색 스카프를 물끄러미 쳐다본다.

가림대 너머에는 아홉 명의 걸음마기 영아가 놀이하는 큰 공간이 있다. 두 명의 영아가 방바닥에 놓여 있는 사다리 사이를 바쁘게 기어 다니면서 놀이하고 있다. 한 명의 영아가 근처에 비어 있는 세탁 바구니에 앉으려고 하였다. 이 영아는 있던 곳에서 나와서 바구니를 뒤집더니 그 안을 기어 다닌다. 이 영아는 놀잇감 선반 근처의 상자에서 발견한 모자를 써 보고 있던 두 명의 영아를 보더니 바구니를 들어 올린다. 두 영아 중 한 명의 영아가 머리에 세 개의 모자를 쓰고 두 개의 모자를 손으로 잡고 가림대 근처로 달려가서 영아들이 누워 있는 영역에 모자를 하나씩 던진다. 이 영아는 놀라는 영아들을 보면서 밝게 웃는다. 그 사이 모자를 가지고 놀던 다른 영아는 여러 개의 모자를 작은 세발자전거 뒤에 싣고 교실을 돌아다닌다. 이 영아는 여러 명의 영아가 여러 가지 재료가 가득 차 있는 지퍼락 비닐을 쥐어짜면서 놀고 있는 낮은 책상 앞에서 멈춘다. 이 영아는 놀고 있는 영아에게 "넌 부드러운 것을 좋아하는구나."라고 말하고 있는 교사를 쳐다본다. 이 영아는 놓여 있는 비닐 중 하나를 찔러 본다. 이 놀이가 흥미롭다는 것을 발견하고선 그 영아는 모자와 세발자전거를 포기하고, 책상에 앉아서 다른 비닐백들을 탐색하기 시작한다.

교실의 다른 영역에서, 한 여아가 한쪽 코너에 있던 큰 스펀지 블록을 끌어당겨서 벽에서 약간 떨어진 소파 위에 쌓아 올리고 있다. 그러고 나서 이 여아는 소파 위에 올라가서 소파 뒤 공간을 채울 때까지 쿠션을 던진다. 잠시 후 그 영아가 내려오더니 주변을 걸어 다니다가 자신이 만들었던 더미 위로 점프를 한다.

교실의 다른 한 곳에서는 한 영아가 큰 매트에 교사와 함께 앉아 있다. 이 둘은 책을 함께 '읽고' 있다. 그들 곁에 아까 비닐백을 짜면서 놀았던 영아가 다가와서 교사 무릎에 털썩 주저앉고서 읽고 있던 책을 치운다. 그러자 매트 위에 책들을 쌓아 놓았던 다른 영아가 재빨리 다른 책을 가져온다.

현상학적 관점에서 영유아기 그리고 이 시기의 발달 과정은 세상에 집을 짓는 것으로 생각한다(Vandenberg, 1987a; Vandenberg, 1971). "의식적인 존재로 성장하는 영아는 다른 사람을 위한 존재가 아니라 자신을 위한 그 누군가가 되기 위해서 자유라는 '프로젝트'를 추구한다."(Polakow, 1992, p. 177) 아동 발달 과정은 앞으로 나아가면서 기술, 개념, 능력 등을 단순하게 직선적으로 축적되는 것만은 아니다.

아동에 대한 이런 관점은 보육이란 테크닉, 조작, 방법 등의 단순한 문제가 아니라 몰입의 문제임을 시사한다. 영아들은 태어날 때부터 의사소통자이자 사회적 참여자가 된다. 영아들의 몸짓, 울음, 발성, 행위 들은 교사에게 자신을 이해하고 반응해 달라고 요구하는 것이다. Pawl(1990b)이 지적했듯이, 보육은 영아의 요구와 바람이 충족되는지 또는 충족되지 않는지와 같은 관계의 맥락이다. 이러한 관계의 맥락에서 영아들은 주변 세계가 어떤지, 그 세계에서 성인들이 어떻게 행동하는지, 사회적 세계에서 자신에 관한 기대를 지속적으로 발달시키는 관계의 맥락에 놓여 있다. 따라서 영아들이 자아와 타인에 대한 이해를 구성하는 데 교사는 결정적인 역할을 한다.

호혜성

호혜성은 주고받기(give-and-take), 의미와 권력에 대한 상호적인 협상이다.
– Lather, *Research as praxis*

정서적으로 민감한 교사들은 "영아에게 적합한 호혜성을 미리 예상해야 한다."(Schutz & Luckmann, 1973, p. 246) 교사와 아동의 상호작용과 참여는 교환적이라는 측면에서 상호적이다. 즉, 성인과 영아가 앞뒤로 반응하면서 상호성을 띤다. Saarni(1989)에 따르면, "호혜적인 정서 반응의 역동적인 연속성은 우리가 타인의 표현적인 행동에 반응하면서, 그다음에 차례로 상대방의 정서적 반응에 영향을 줄 때 일어난다."(p. 185) 정서적으로 민감한 교사는 자신을 사회적 · 정서적 협상의 '유동적으로 긴밀하게 연관된

과정'의 일부분으로 인식한다(Saarni, 1989, p. 185). 다음 사례는
이와 관련된 주제를 보여 준다. 첫 번째 장면은 Gonzalez-Mena
와 Eyer(1993, pp. 76-77)에서 인용되었다.

Keis(3개월)는 바닥에 깔려 있는 담요 위에 울면서 누워 있다.
우유병을 급하게 준비하면서 교사가 Keis에게 "배 고프다는 거 알
아. 금방 갈게."라고 말한다. 교사의 목소리를 듣자 Keis의 울음소
리는 조금 잦아들었다. 그러나 교사가 바로 오지 않자 더 크게 울
기 시작한다. 우유병을 잠그면서 교사는 Keis에게 다가간다. "그
래, 기다리게 해서 미안해." Keis가 계속 울자, 교사는 "알았어, 알
았어. 안아 주고 우유도 줄게."라고 덧붙인다. 교사가 아기를 안으
려고 굽히자 Keis는 울음을 서서히 그치면서 팔을 뻗는다. 교사는
부드럽게 Keis를 안고, 우유를 먹이는 동안 앉아 있을 흔들의자로
데리고 간다. Keis가 우유를 먹는 동안 Keis는 교사의 얼굴을 빤
히 올려다본다. "좋지?"라며 교사는 속삭인다. Keis의 몸이 편안하
게 누그러지면서 한쪽 손으로 교사의 머리카락을 잡는다. "정말
배고팠구나?" Keis가 우유를 다 먹자, 교사는 Keis를 안아 주고
이마에 키스해 준다. Keis는 교사를 보면서 방긋 웃는다.

만성 호흡장애를 앓고 있는 Lela(9개월)의 치료 시간이다. 교사
는 Lela에게 치료 시간이라고 말하고, 흔들의자에 앉아 Lela를 무
릎에 앉혔다. 처치는 몇 분 동안 지속되었으며, Lela는 코와 입에
마스크를 대고 있었다. 교사는 의자를 앞뒤로 흔들면서 Lela의 머

리를 쓰다듬고, 부드러운 음성으로 Lela에게 말한다. "너는 너무
나 예쁜 아기란다, Lela. 이 치료는 너를 더 좋게 해 줄 거야. 네
가 이 치료를 좋아하지 않는다는 걸 알지만 몇 분만 참으면 다 끝
나. 그러면 너는 훨씬 나아질 거야." 교사가 Lela를 돌보는 동안
Kara(10개월)가 눈이 휘둥그레져서 이들을 쳐다보고 있었다.
Kara는 교사와 Lela가 쓴 마스크를 번갈아 쳐다보고 있었다. 이
를 알아차린 교사는 Kara에게 말했다. "괜찮아, Kara. 선생님은
Lela가 숨을 더 잘 쉴 수 있도록 도와주는 거야!" 이 대화가 오가
는 동안 Todd(10개월)가 침대에서 일어나 울기 시작했다. 교사는
바빠서 Todd를 돌봐 줄 수는 없었지만, Todd를 무시하지 않고
말한다. "Todd, 잠깐만 있다가 갈게. 지금 Lela가 치료를 받아야
하거든." 그러고 나서 교사는 다시 Lela에게 집중한다. "잘하고
있어, Lela. 거의 끝났어." 치료가 다 끝났을 때, 교사는 Lela를
잠깐 안아 준 후에 카펫에 앉히면서 "이제 기분이 더 좋아질 거
야."라고 말한다. 이제 교사는 Todd에게 집중하면서 Todd를 침
대 밖으로 데리고 나와 Kara와 Lela가 놀잇감을 가지고 놀고 있
는 바닥에 Todd와 같이 앉아서 놀이한다.

Lela의 교사는 집단 보육 환경의 과제인 한 명의 영아가 아닌 여
러 명의 영아들의 감정에 동시에 관여할 수 있음을 보여 준다. 이
교사는 각각의 영아들을 인정해 주고, 적절한 설명과 위안을 제공
해 주며, 교사가 할 수 있는 만큼 신체적으로도 관여하고 있다.
인간 존재로서 영아를 이해하고 반응하는 것은 영아의 언어인

몸짓을 관찰하고 해석하는 교사의 능력에 상당 부분 의존할 수밖에 없다. 다음 사례들이 보여 주듯이 영아를 이해하는 것은 쉬운 일이 아니다. 첫 번째 사례는 Reynolds(1990, p. 85)에서 발췌한 것이다.

> Bonnie(14주)는 바닥 위 베개에 누워 있었다. 갑자기 Bonnie가 몸부림치며 울기 시작했다. 교사는 Bonnie가 괴로워하는 것을 눈치채고 옆에 가서 앉았다. 교사는 Bonnie의 기저귀를 확인했으나 별 문제가 없었다. 교사는 Bonnie가 언제 먹었는지 Bonnie의 차트를 확인해 보고, Bonnie가 배고프지는 않다고 생각했다. 교사는 모든 것을 체크하고, Bonnie와 대화를 시도했다. "기저귀가 젖었니? 아니면 배고프니? 화가 난 것 같은데, 널 기분 좋게 하려면 어떻게 해 주면 될까?" 교사는 Bonnie가 자세를 바꾸고 싶어 한다고 생각해서 Bonnie를 엎드리게 했다. 그러자 Bonnie는 더 크게 울기 시작했다. Bonnie와 여전히 대화를 나누면서 교사는 다시 Bonnie를 원상태로 돌려놓았다. 교사는 Bonnie가 뭔가를 유심히 쳐다보고 있음을 알아차렸다. 교사는 Bonnie가 음악이 나오는 모빌을 보고 듣고 있었다는 것을 깨달았다. 모빌이 작동하다가 멈추었는데 교사가 알지 못했던 것이다. 교사는 "아, Bonnie, 모빌이 다시 움직이면 좋겠니?"라고 말하며 모빌을 작동시킨다. 교사를 보고 있던 Bonnie도 편안해지면서 한숨을 내쉬고는 다시 모빌을 바라본다. Bonnie는 만족스러워하는 것처럼 보였다.

Amber(10개월)는 행복하지 않은 표정으로 영아용 의자에 앉아 있다. 교사는 Amber에게 음식을 먹이려고 Amber가 먹고 싶어 하는 음식을 찾기 위해 여러 종류의 음식을 보여 주고 있다. 그러나 Amber는 모든 음식을 거절했다. 교사는 Amber에게 "왜 그래? Amber. 오늘은 배고프지 않니?"라고 말을 건다. Amber는 울기 시작하면서 접시 위에 있던 음식을 던지기 시작했다. 교사는 "그래, Amber, 안아 줄게. 네가 원하는 게 그거니?"라고 말한다. 교사가 Amber를 안아 주자, Amber는 울음을 서서히 멈춘다. Amber는 자기 팔을 교사의 목에 두르고, 머리를 교사의 어깨에 기댄다. 교사는 Amber의 등을 쓰다듬으면서 부드럽게 말을 건다.

교사는 Molly(7개월)에게 점심을 먹였다. 교사는 Molly의 얼굴과 손을 닦아 준 다음에 Molly를 안아서 카펫 위에 뉘였다. Molly가 찡그리더니 울기 시작하면서 허공에 팔을 휘젓는다. 교사는 Molly를 보고, "왜 그래, Molly? 바닥에 앉기 싫어?"라고 말한다. 교사는 Molly를 안아서 보행기에 태웠다. Molly가 다시 울기 시작하면서 팔을 뻗는다. 이번에 교사는 Molly를 안아 주는 대신에 보행기 탁자 위에 놀잇감들을 놓아 주고 Molly의 관심을 끌기 위해 놀잇감을 하나 골라 흔들어 준다. Molly는 울음을 멈추고 놀잇감을 향해 손을 뻗었다.

이 사례들에서 교사들은 영아들이 어떻게 주변 세계를 보고 느끼는지를 알려고 노력한다. 더욱이 교사들은 영아의 표현과 감정을 무시하거나 거부하기보다는 흥미, 융통성, 민감함 등에 반응하면서 영아들을 존중하고 있다.

감정이입

> 보살핌은 타인에 대해 개인적인 참조(reference)의 틀 밖으로 한 걸음씩 걸어 나오는 것이다. 보살핌 행위를 할 때, 우리는 타인의 관점, 객관적 요구, 타인이 우리에게 기대하는 것 등을 고려한다. 우리의 관심과 정신적 몰입은 우리 자신에 대해서가 아니라 돌봄을 받는 존재에게 집중해야 한다.
>
> – Noddings, *Caring*

이상에서 기술된 사례들은 정서적으로 민감하고, 보육에 권력을 부여하는 또 다른 주제를 보여 준다. 다시 말해, 영아의 감정과 상황에 감정이입하는 모습이 잘 나타나 있다. 감정이입적인 이해는 앞에서 묘사한 것처럼 호혜적 정서로 반응하는 성인과 아동의 의사소통에 달려 있으며, 동시에 이러한 의사소통을 가능케 하는 토대다. 감정이입적인 능력은 자신의 경험과 타인의 경험을 연결해 보는 것이며, 이를 통해 타인의 감정을 이해하는 것이다. Denzin(1984)은 이를 '정서적인 상호 주관성' 그리고 '정서적인 수용'이라고 설명하고 있다. "자신의 관점에서 다른 사람의 정서 표현을 주관적으로 해석하는 것은 정서적인 이해 과정에서 중요하다."(Denzin, 1984, p. 137) 교사들은 영아들이 세상을 어떻게 보고 느끼는지 알기 위해서 영아들의 경험의 실재 그 자체를 상상할 수 있어야 한다.[2] Scheler(1913/1970)는 이를 '동료 의식(fellow-feeling)' (pp. 13-14)이라고 설명한다.

> 동료 의식은 다른 사람의 감정을 의도적으로 참조하는 것이며, 단순히 상대방이 느끼는 것처럼 느끼는 것을 말한다. 이런 동료 의식은 타인의 감정 상태와 가치에 재반응함으로써 대리적인 감정으로 시각화될 수 있다(Denzin, 1984, p, 148).

다음의 사례를 생각해 보자.

> Avon(8주)의 기저귀를 갈아야 했다. 기저귀 갈이대 위에서 Avon은 울기 시작했다. 교사는 Avon에게 기저귀를 갈아야 한다고 설명했지만 Avon은 계속 울어 댔다. 교사는 Avon에게 기저귀가 더러워져서 바꿔야 하고, 선생님이 기저귀를 갈아 줄 것이며, 그러고 나면 다시 편안해질 거라고 말하면서 Avon을 진정시키려고 하였다. Avon은 계속 심하게 울어 댔다. 교사는 기저귀 가는 것을 멈추고 Avon을 안정시키기 위해 Avon의 배를 문질러 주었다. 부드러운 어조로 교사는 Avon에게 당황하거나 두려워할 필요가 없으며, 선생님은 Avon을 더 편안하게 해 주고 싶을 뿐이라고 말했다. Avon이 진정되자 교사는 Avon에게 옷이 젖었으니까 옷을 벗어야 한다고 말했다. 교사가 옷을 벗기고, Avon을 씻기고, 새 기저귀와 옷을 입혔다. 이 모든 과정이 이루어지는 동안 교사는 Avon에게 "이제 Avon이 깨끗해진 것 같네. 파자마가 잘

맞으면 좋겠는데……"라고 부드럽게 계속 말을 걸면서 이야기하였다. 교사가 과정을 끝낼 때쯤 Avon은 깨끗해졌으며 다시 행복한 아기가 되었다.

비록 이 영아는 8주밖에 되지 않았지만, 교사는 이 영아를 감정을 가진 인격체로 대하고 있다. 4장에서 제시된 Lela의 사례와 비교해 보면, Avon은 단순히 기저귀를 갈아 주어야 하는 신체 그 자체보다는 더 많은 것을 가지고 있는 존재다. 교사는 영아의 관점에서 이 경험을 해석하려고 노력하면서, 상황에 맞추어 Avon을 안심시키고자 하였다. 관례적인 일과는 필요하지만, 일과를 겪는 아동의 경험에 비하면 이차적인 것이다. 실제로 교사는 영아에게 집중하면서 순간적으로 관례적인 일과를 멈추고 있다.

Gilligan과 Wiggins(1988)는 교사와 아동의 관계에서 적용할 수 있는 감정이입과 '공감(co-feeling)'을 구분하고 있다.

감정이입은 감정의 일치감—자아와 타인을 동일하게 느끼는 것—을 말한다. 그런가 하면 공감이란 자신의 감정으로 타인의 감정을 경험할 수 있는 것이다. 그래서 공감은 판단이나 관찰의 태도를 의미하며 (다른 사람의 용어로) 다른 사람의 감정을 느낄 수 있는 능력에 의존한다. 다른 사람의 정서를 느낀다는 것은 타인과 떨어져서 그 사람을 바라보는 것이 아니라 그 사람에 대해 동정하면서 그 사람과 함께하는 것이 핵심이다. ……공감은 타인의 요구가 진짜든 아니든지 간에 타인의 감정을 존중한다는 의미가 깔려 있다(pp. 122, 132).

이런 개념의 의미와 중요성은 3장에서 설명한 사례를 다시 생각해 보면 더 잘 알 수 있다.

간식시간에 모든 영아는 놀이를 멈추고, 책상에 앉으라는 지시를 받았다. Maggie(14개월)는 간식을 밀어내면서 울기 시작했다. 교사는 Maggie가 피곤한가 보다고 말하면서, 기저귀를 갈아야 한다면서 데리고 가더니 Maggie를 앉히면서 토닥거렸다. 하지만 Maggie는 교사의 팔 안에서 꼼지락거리며 앉아 있기를 거부했다. 교사는 Maggie가 놀이했던 바닥에 그녀를 내려놓았다. 이를 관찰하던 다른 교사는 "다음번에는 간식시간 동안 Maggie를 계속 앉혀야겠어요. Maggie는 피곤한 것이 아니라 놀고 싶어 하는 것 같아요."라고 말했다.

앞의 사례의 교사는 Maggie의 감정을 '진짜' 또는 정당한 것으로 여기지 않음으로써 Maggie의 감정에 반응해서는 안 된다고 생각하는 것 같다. 그러나 교사의 행동이 공감에 의해 수행된다면 (감정의) '진위'는 별 상관이 없다. Maggie가 간식을 먹는 대신 놀고 싶어 한다는 관찰 내용이 존중되어야 한다. 좀 더 민감한 반응적인 보육을 하고 있는 보육 환경의 사례는 다음과 같이 재구성할수 있다.

걸음마기 영아들은 교실의 여러 공간에서 놀이하고 있다. 간식 시간이 되어 간식을 탁자에 차려 놓았다. 전체 영아 중 대략 1/2의 영아들이 바로 탁자로 왔지만, 나머지 영아들은 계속 놀고 있었다. 교사는 영아들이 손 씻는 것, 앉는 것, 스스로 간식을 먹는 것을 도와준다. 몇 명의 영아들이 간식을 먹으러 왔다. 교사는 아직도 놀고 있는 Maggie에게 간식을 먹고 싶은지 물어본다. Maggie는 "아니요."라고 대답하고는 계속 놀이한다. 잠시 후 Hannah가 놀기 위해서 의자에서 내려온다. 15분 후에 Maggie는 간식을 먹고 싶어하며 간식 탁자로 다가왔다. 교사는 Maggie를 도와준다.

이처럼 재구성된 사례에서 갈등과 권력의 다툼은 현저하게 감소하는 것으로 나타난다. 교사들이 가지고 있는 에너지의 많은 부분은 영아를 관리하는 데 소모되는 대신, 영아의 활동을 지원하고 영아와 함께 참여할 때 더 자유로울 수 있음을 보여 준다. 더 나아가 이렇게 한다면 하루 일과는 개별 영아의 성향을 존중하면서 운영될 수 있을 것이다.

정서적으로 민감하고 권력 부여된 보육의 이미지

보살핌은 당신이 누구인지 그리고 당신이 무엇을 하는지 이 두 가지 모두를 포함한다.

– Oakley, *Feminism, motherhood, and medicine*

Polakow(1992)는 아동들이 '변증법적인 구조와 자유'를 경험하는 '진정한 실존적 지평'을 개념화하였다(p. 184). 다음 사례에서 보듯이 영아에게 권력을 부여하는 것은 방임이나 무시와 같이 간섭하지 않는다는 낭만적인 개념이 아니다. 그렇다고 교사의 자아나 다른 영아들의 자아를 희생하는 아동의 자기중심성을 의미하는 것도 아니다.

> Avery(2세)가 화장실에서 나오다가 교사와 함께 간식 탁자에 앉아 있는 Calvin을 발견하였다. 탁자에는 세 개의 다른 빈 의자가 있었다. Avery는 Calvin이 앉아 있는 의자 뒤를 잡았다. 그리고 화를 내며 "내 자리야!"라고 말했다. Calvin은 아무 반응 없이 앉아 있었다. "Calvin이 오늘 여기에 앉았어."라고 교사가 설명하였다. Avery는 단호하게 반복했다. "Calvin이 제 자리에 앉은 거예요." 교사는 Avery에게 오늘은 다른 자리에 앉자고 제안했다. 크게 실망한 표정으로 Avery는 다른 의자에 앉았다. Avery가 그 자리에 앉자 교사는 다툼이 되었던 자리를 보면서 "Avery는 저 자리를 좋아하는구나."라고 말한다. "네." Avery가 대답했다. "내일은 네가 저기에 앉을 수 있을 거야."라고 교사가 말한다. "좋아요." Avery는 행복하게 대답하고 간식을 먹기 시작했다.

이 사례에서 Avery는 교사가 다툼을 안정시키고, 자기 입장을 옹호해 주기를 바라고 있다. 교사는 Avery의 감정을 인정하면서 Avery를 단순하게 재지시하는 중재 이상의 역할을 하고 있다. 교사는 Avery가 화가 난 것은 일관성과 질서에 대한 생각에 따라 Calvin을 그 자리에서 이동시키려고 한 것이고, 그리고 대부분의 2세 영아들의 소유욕과 늘 앉았던 자리라는 관례적인 특성에 의한 것이라고 이해했을 것이다. 어쨌든 Avery는 Calvin의 자리를 자기 자리라고 인식했고, 그런 자리 이동이 그를 화나게 했던 것이다. 교사는 Avery에게 감정을 언어적으로 표현하게 하였고, 다른 의자를 선택하는 자율성을 허락하였다. 어떠한 규칙도 실행되지 않았고, 신체적 통제도 필요하지 않았다.

> 보살핌은 정해진 규칙이 아니라 애정과 관심으로 행위하는 것이며…… 누군가를 보살피는 것은 구체적인 상황에서 특정한 사람에 대한 특별한 관심을 가지고 행위하는 것이다(Noddings, 1984, p. 24).

민감한 보살핌이 있는 보육 환경에서 각 영아들은 개별적인 자아 존재로 인식되며, 교사는 특정한 영아뿐만 아니라 특정한 상황에 필요한 결정을 의식적으로 해야 한다. 이는 일부 영아들은 다른 나머지 영아들과 다른 대우를 해 주는 것이 필요하다는 것을 의미한다. 예를 들면, 어떤 영아들은 더 오래 또는 더 자주 안아주어야 한다거나 계획된 하루 일과에서 제외시켜 주어야 한다는 것이다. 하지만 모든 영아는 그들의 차이에 따라 동등하게 보살핌을 받아야 한다. 이런 방식으로 이해된 보육의 개념은 영아들이 불공평하게 예외적인 대우를 받는다는 느낌 없이 개인으로서 각 영아들을 바라보고 반응해야 하는 융통성을 교사에게 요구하고, 교사들은 그런 행동을 해야 한다.

다음의 사례는 교사가 간단하게 융통성을 발휘하면서 어떻게 영아를 인식하고, 이해하며, 감정이입해야 하는지, 그리고 어떻게 영아의 요구를 계획된 하루 일과보다 우위에 놓는지 보여 준다. 영아에게 권력을 부여한다는 것은 이러한 인식하에 전개되어야, 영아들은 자신의 감정과 행위가 자신을 보살피는 성인에게 의미 있음을 알게 된다.

> 점심시간이다. 모든 걸음마기 영아들이 점심을 먹기 시작했지만, Misha는 의자에 앉았지만 먹지 않는다. 실습교사가 뭐가 잘못되었는지 알아보려고 했으나 실패했다. 교사가 Misha 옆에 앉아서 Misha의 걱정을 표현하게 하였고, Misha를 안아 주었다. Misha가 졸리다는 것을 알게 된 교사는 침대에 Misha를 눕혔다. 잠시 후에 Misha는 스스로 탁자로 왔다. Misha는 한결 나아 보였으며, 점심을 잘 먹었다.

교사가 영아들과 그들이 체험하는 시간의 경험에 관심을 둘 때, 일과와 활동을 운영하는 과정은 그것을 성취하는 것만큼 중요해진다. 일과 그 자체는 반드시 억압적인 것은 아니다. 실제로 하루 일과는 연속성과 안정성에 기초를 두고 있지만, 일과의 효율적인 운영이 영유아의 의도성, 발달, 정서 및 신체적 요구보다 더 선행되어서는 안 된다. 민감한 하루 일과는 절대적이기보다는 임시적인 안내 지침일 뿐이다. 즉, 자발성과 융통성의 가능성을 열어 두는 행동을 지원하는 틀로서 작용해야 한다. 필자는 이를 '어린이가 하는 대로 따라하기'(Leavitt & Eheart, 1985)라는 표현으로 설명한 적이 있다. 이것은 융통성을 요구하며, 영유아에 대한 어느 정도의 통제를 기꺼이 포기해야 한다. 우리가 영유아를 바라볼 때, 영유아의 관점으로 주변 세계를 보려고 노력하고, 영유아에게 '창조와 구성을 위한 자유'를 허락한다면(Freire, 1970, p. 55), 영유아와 권력을 공유해야 하며, 이는 어린이집을 인간적인 곳으로 되게 할 것이다.

연이어 필자는 정서적으로 민감하고 영아에게 권력을 부여하는 보육의 사례들을 소개하고자 한다.

등 원

필자가 도착했을 때 이미 몇 명의 영아들이 교사와 놀이하고 있었다. 다른 교사는 '돌아다니고 있었다.' 영아들이 개별적으로 부모와 함께 도착하면 이 '돌아다니던' 교사는 그들을 맞이하려고 교실 입구로 간다. "안녕, Patty!" Patty(19개월)는 어린이집에 새로 온 영아다. 교사는 무릎을 꿇고 앉아서 Patty의 어깨에 손을 올리고 영아의 얼굴을 주시하였다. "옷 벗는 것을 도와줄게. 코트를 가지고 가서 사물함에 걸어 놓으렴."이라고 말한다. Patty가 코트를 사물함에 걸어 놓자, 교사는 Patty를 데리고 교실을 둘러보러 가고 Patty의 어머니도 따라간다. "오늘 무엇을 하고 놀지 보

자. 여기에 레고가 있구나. 저기에는 블록이 있고, 반죽놀이도 있네……." Patty는 도서 영역으로 가서 책 한 권을 골랐고, 책을 보려고 소파에 올라가 앉았다. Patty를 따라다니던 어머니가 Patty가 안정된 것을 보고 "안녕 Patty, 나중에 보자."라고 말한다. 그러자 Patty는 어머니를 보고 "가지 마세요!"라고 말한다. 교사는 "내가 너랑 같이 있을 거야, Patty. 책도 읽어 줄게. 알았지?"라고 말했다. Patty는 어머니가 가는 것을 슬프게 바라보다가 자기를 가볍게 안아 주면서 "그래, 헤어지는 건 힘든 거야."라고 말하는 교사에게 관심을 돌린다. 교사가 Patty에게 교사의 무릎에 앉고 싶은지 물어보자, Patty는 고개를 끄덕이며 "네."라고 대답한다. 교사와 Patty는 소파에 함께 앉아 patty가 고른 책을 읽었다. 그 상황을 이해한 다른 교사가 그 사이 '돌아다니는' 역할을 맡는다.

놀 이

교사는 영아용 의자에 앉아 있는 Jeannie(13개월)를 안아서 카펫에 앉혔다. 교사는 카세트 플레이어에 카세트를 넣으려고 간다. 그동안 Jeannie는 일어서서 교실을 둘러보았다. Jeannie는 교실에 들어오는 부모를 보고 "안녕하세요."라고 인사한다. 그 부모가 "안녕."이라고 대답해 주자 Jeannie는 웃는다. 그때쯤 노래가 흘러나오기 시작했다. Jeannie는 박수를 치며 머리를 좌우로 흔들기 시작했다. 교사는 Jeannie에게 "춤추는 거니?"라고 말하면서

Jeannie를 따라서 머리를 좌우로 흔들기 시작했다. Jeannie는 웃으면서 몸 전체를 흔들었다. 노래가 끝나자 교사와 Jeannie는 박수를 치며 "야호!"라고 외쳤다. Jeannie가 잠시 교실을 둘러보더니 다른 교사에게 가서 교사의 무릎을 툭툭 치고, 그 교사가 돌아보고 자기에게 관심을 보일 때까지 기다렸다. 교사가 관심을 보이자 Jeannie는 머리 위로 손을 올리면서 미소를 짓는다. "나와 함께 춤추고 싶니?"라고 교사가 물으면서 안아 준다. Jeannie는 웃으면서 교사에게 안겨서 춤을 추었다.

기저귀 갈기

교사는 Leroy(13개월)를 침대에서 들어 올리면서 "Leroy, 기저귀 갈아야겠구나."라고 말한다. 기저귀 갈이대에서 Leroy는 몸부림치면서 다리를 차기 시작했다. "미안해, Leroy. 네가 기저귀 가는 걸 싫어하는 건 알지만, 조금만 참아야 해."라고 교사는 동정적으로 말한다. "맨 먼저 바지를 벗어야 한단다." 교사는 바지를 벗기려고 애쓰면서 말한다. Leroy는 발버둥을 치며 방향을 바꾸려하자, "그래, 네가 이걸 싫어하는 거 알아. 놀고 싶지?" 그러면서도 교사는 계속해서 옷을 벗겼고 기저귀를 풀었다. Leroy가 일어나려고 하자 교사는 그를 누이면서 "네가 일어서고 싶어 하는 거 알아. 잠깐만, 이 기저귀 발진 연고 잡고 있어."라고 말하며 교사는 연고를 아기의 손에 쥐어 준다. "그래, 이제야 너를 좀 깨끗하게 닦을 수 있겠구나. 여기 새 기저귀가 있어. 더 좋지? 거의 끝났어, 다 끝났다." "내려 주세요." Leroy가 요구한다. "그래, 지금 내려 줄게."라고 교사가 말하면서 Leroy를 일으켜 앉히려고 몸을 굽혀서 팔로 안았다. 교사는 Leroy를 바닥에 내려놓았고, Leroy 는 마음껏 바닥에 집어 던질 수 있는 색깔 플라스틱 모양의 깡통이 있는 곳으로 달려간다.[3]

놀 이

걸음마기 영아들이 간식을 다 먹었다. 교사는 영아들의 얼굴을 한 명씩 차례로 깨끗하게 닦아 주고, 놀이하는 카펫으로 보낸다. 이 과정은 20분 정도 걸렸다. 그동안 이 과정을 먼저 끝낸 영아들은 교사와 가까운 곳에 있었지만, 교사의 관심을 받지 못했다. 그러나 영아들은 고무로 된 공, 작은 놀잇감들, 탈 수 있는 놀잇감, 인형 등 자기 손이 닿는 곳에 있는 놀잇감을 가지고 행복하게 놀이하고 있었다. 그리고 교실 한쪽 끝에 있는 오르기 구조물에서 영아들은 놀잇감을 가지고 오르고, 아래로 기어 내려오면서 모든 곳에서 즐겁게 놀이하고 있었다. 영아들을 다 닦아 준 교사는 때때로 영아들이 놀이하는 것을 쳐다보면서 탁자와 바닥을 천천히 정리하였다. 정리 시간은 10분 정도 걸렸고, 그동안 영아들은 목적의식적으로, 행복하게, 갈등 없이 놀이를 지속하였다.

점 심

Jon이 점심시간에 탁자 위에 우유를 엎질렀고, 교사는 종이 타월을 가지고 와서 닦으라고 말했다. Jon이 종이 타월을 가지러 가자, Ted도 탁자에서 일어나서 일회용 종이 타월 쪽으로 걸어가기 시작했다. 교사가 "Ted, 너는 일어날 필요가 없어. 앉으세요." 라고 말했다. 하지만 Ted가 계속 걸어가자 교사는 일어서서 Ted의 손을 잡고 Ted의 자리로 돌아가게 했다. Ted는 자리에 조용히 앉아 있기만 할 뿐 점심을 먹지 않았다. 화가 난 것 같았다. Ted의 표정을 알아차린 교사가 "내가 너를 앉게 해서 화가 났구나."라고 말한다. 교사는 잠시 멈추었다가 "근데 왜 일어났었니?" 라고 물었다. Ted는 대답하지 않았다. 그래서 필자가 "내 생각에 Ted는 Jon이 엎지른 것을 같이 닦으려고 한 것 같아요."라고 말했다. 교사는 "아, 그런 것 같네요."라고 대답했다. 교사는 Ted를 보면서 "그 말이 맞니, Ted? 미안해, 다음에는 내가 더 주의할게."라고 말한다.

낮잠 시간

교사는 걸음마기 영아들이 낮잠을 준비하는 동안 클래식 음악을 틀어 준다. Patty는 침대에 누워서 엄마를 찾으며 울고 있다. 교사는 Patty에게 다가가서 무릎을 꿇고 Patty의 어깨에 손을 얹고 말한다. "엄마가 보고 싶어서 속상하구나." Patty는 계속 훌쩍

거렸다. 교사는 "새로운 곳에서 잠자려니까 무섭지?"라고 덧붙였
다. Patty가 더 운다. "내가 등을 토닥거려 주면 좀 도움이 될 거
야."라고 제안하면서 교사는 Patty의 등을 쓰다듬어 준다. 잠시 후
Patty는 울음을 그치더니 잠들었다.[4]

낮잠 시간에서 간식시간으로 전이

걸음마기 영아들이 낮잠에서 깨어나기 시작했다. 교사는 불을
끈 채로 영아들에게 다가가서 기저귀와 옷을 갈아입혔다. Patty가
침대 위에 앉아서 눈을 비비고 있어서 교사는 Patty를 안아 주었
다. "잘 잤니, Patty? 기저귀 갈자." 교사는 조용한 음성으로 말한
다. Patty와 몇 명의 영아들이 옷을 입는 동안 다른 영아들은 계
속 자고 있었다. 옷을 다 갈아입은 영아들은 교실 한쪽으로 갔다.
그곳에서 영아들은 퍼즐 놀이나 책 보기 같은 조용한 놀이를 선
택할 수 있다. 교사는 커튼을 젖혀 창문을 통해 빛이 들어오게 하
였다. 그동안 다른 교사가 서서히 깨어나는 영아들에게 관심을 쏟
고 있었다. 30분 정도 지나자 한 명 빼고 모든 영아가 일어나서
옷을 입고 놀이하고 있다. 교사들은 두 개의 탁자 위에 그날의 간
식인 통밀 크래커 바구니와 작은 주스 병을 준비한다. Patty는 교
사들을 도와 각 자리에 냅킨과 플라스틱 컵을 놓았다. 조용히 놀
이를 하고 있던 영아들이 이것을 보더니 탁자로 다가와서 교사의
도움을 받아 각자의 자리에 앉았다. 영아들은 따뜻한 물수건으로
손과 얼굴을 닦았다. 물수건을 다 수거하고, 교사들은 각 탁자에

한 명씩 앉아서 크래커 바구니를 영아들에게 돌리면서 영아 스스로 간식을 준비하게 한다. "크래커 좋아하니, Patty? 목마른 사람?" 교사는 컵에 주스를 따라 주었다. "저요!" 몇몇 영아들이 손을 든다. Patty는 Jody가 아직까지 자고 있는 것을 알아차리고 교사에게 물었다. "Jody는 어떡해요?" 교사는 "오늘 Jody가 많이 졸린가 봐. Jody의 주스랑 크래커를 남겨 두자."라고 대답하였다. 만족스러운 듯 Patty는 자신의 크래커를 조금씩 먹었다. 교사는 영아들과 이야기하면서 아침에 했던 활동들을 다시 생각해 보게 하고, 오후에 계획된 공원 산책에 대해 설명해 주었다.

간식시간에서 놀이로 전이

영아들 중 두 명이 간식을 다 먹고, 스스로 탁자에서 일어났다. 교사는 바닥에 사각형 모양의 카펫을 가져다 놓았고, '대집단 시간'을 하려고 영아들을 카펫 위에 앉게 하였다. 교사는 영아들에게 기다리면서 책을 읽으라고 격려하였다. 대부분의 영아가 간식을 다 먹자, 책을 선택해서 사각형 카펫에 앉도록 안내받았다. 결국 모든 영아가 책을 보면서 사각형 카펫에 앉아 있었다. 교사가 탁자를 다 정리할 때쯤 몇 명의 영아들이 다른 놀이 영역으로 무리를 지어 이동하기 시작했다. 이를 본 교사는 대집단 활동을 하지 않고 영아들이 선택한 자료를 가지고 계속 놀이하게 하였다.

놀이

오늘 인부들이 어린이집 앞에서 도로 공사를 하고 있었다. 공사 인부들은 수동 착암기를 사용하고 있었다. 2세 영아들은 공사 때문에 실내에서 놀이하고 있었는데, 수동착암기 소리가 열린 창문을 통해 들려왔다. 여러 명의 영아가 무슨 일이 벌어지는지 보기 위해서 창문으로 달려갔다. 이 영아들은 더 잘 보기 위해 선반과 의자 위에 올라갔다. 교사는 영아들이 다치는 것을 원하지 않는다고 말하면서 내려오게 했으나 영아들은 내려오지 않았다. 그래서 교사는 인부들을 보게 하려고 영아들과 밖으로 나가기로 결정했다. 인부들이 일하는 것을 구경한 지 10분 정도 지나자, 몇 명이 미끄럼틀에서 놀고 싶다고 하였다. 교사 한 명이 미끄럼틀에서 놀이하는 영아들을 지켜보았고, 다른 교사는 아직까지 수동착암기에 관심을 보이는 영아들과 함께 있었다. 계획된 활동인 콜라주 만들기는 나중으로 미루어졌다.

늦은 오후 시간

오후 5시가 되었다. 걸음마기 영아 세 명만 교실에 남아 있다. Hannah와 James는 선반 위에서 플라스틱으로 만들어진 농장 동물들이 가득 찬 상자를 꺼내더니 카펫에 앉아 놀이하고 있었다. 영아들은 교사에게 외양간 놀이를 할 수 있는 다른 놀잇감을 얻을 수 없느냐고 물어보았다. 이런 놀잇감은 다른 교실에 있었는데 교사는 이를 허락하고, Hannah와 James를 위해 두 개의 외양간 놀잇감을 가지고 돌아왔다. 이를 지켜보던 Patty는 자신도 외양간을 가지고 싶다고 말했다. Patty의 말을 들은 Hannah가 훌쩍거리며 "내 농장이란 말이야!"라고 소리쳤다(Hannah는 자기가 가지고 놀고 있는 농장을 같이 가지고 놀아야 한다고 생각한 것 같았다). James도 화가 난 것 같았다. 교사가 "내 생각엔 거기에 외양간이 하나 더 있는 것 같아. 그것 찾는 것 좀 도와줄래, Patty?"라고 말했다. 이런 교사의 행동은 세 명의 영아 모두를 진정시켰다. 교사는 Patty의 손을 잡고, 다른 외양간 놀잇감을 찾으러 갔다. Hannah는 자신의 외양간으로 놀이하는 데 집중하였다.

Spencer Cahill(1990)은 여기서 제시된 사례들처럼 간단하게 보이고, 당연하게 여겨지는 경험의 중요성을 다음과 같이 설명한다.

피곤한 영아에게 휴식을 취하게 하고, 울고 있을 때 위로해 주면, 영아들은 자신이 외롭지 않다는 것을 깨닫기 시작한다. 이런 영아들은 다른 사람에게 자신을 표현하면서 타인과 함께 공유할 수 있음을 깨닫기 시작한다. 이것이 우리가 '자아'라고 부르는 경험에 대한 사회적 구성의 출발점이다(p. 2).

이런 자아가 권력이 부여된 자아다.[5] 이런 자아는 교사가 제공하는 자아 확신감, 정서적인 진실성 및 안정성, 보호의 경계 등을 토대로 형성된다. 교사가 정서적으로 영아들을 받아들일 때, 각 영아들은 자신을 가치 있는 타자로서 개념화하며 느끼게 된다. 이런 과정에서 영아의 정서적 자아는 인식되고, 타당화되며, 설명되고, 표현된다. 즉, 이런 자아들은 목소리를 부여받고, 권력을 갖게 되는 것이다. 이런 자아는 영아의 정서와 관련될 뿐만 아니라 교사가 제공할 수 있는 자유인 의도성과도 관련된다(Bergmann, 1977 참조). 이는 지적으로, 정치적으로 추상적인 개념이 아닌 실제 상황에 뿌리를 두고 있는 체험되는 자유다(Morrison, 1988). Gilligan(1988)에 따르면, 민감한 보육을 받는 영아들은 다음의 모습과 같다.

> (영아는) 의존적인 존재다. 이는 무능하고, 무기력하고, 통제가 안 되는 존재라는 의미가 아니다. 이는 영아가 다른 사람에게 영향을 줄 수 있음을 알고, 타인에게 폐를 끼치는 존재가 아니라 자아와 타인 모두에게 권력을 부여하는 상호 의존적인 애착을 형성한다는 것을 의미한다. 보살핌의 활동—함께 있어 주고, 들어 주고, 기꺼이 도와주려 하고, 이해하려는 능력—은 도덕적인 영역으로, 요구를 무시하는 것이 아니라 주의 깊게 살펴야 한다는 명령이다(p. 16).

민감한 보살핌의 환경으로서 어린이집

보살피는 경험과 보살핌을 받는 것은 우리가 우리 자신과 우리의 사회적 관계를 정의하는 방식과 밀접한 관련이 있다.

– Graham, *Caring: A labour of love*

여기서 제시된 민감한 보육—호혜성, 감정이입, 개별 영아에 대한 존중—의 주제들은 영유아 양육 분야에서 새로운 개념이 아니다. 보육 연구에서는 사회적 관계의 맥락에서 영유아들이 어떻게 자신의 능력과 자아에 대한 이해력을 발달시키는지에 관한 내용을 많이 다루어 왔다.[6] 또한 일상적인 영아 보육의 실천적인 영역을 상세히 묘사한 몇몇 훌륭한 텍스트도 있다(예, Gonzalez-Mena & Eyer, 1993; Leavitt & Eheart, 1985; Reynolds, 1990; Willis & Ricciuti, 1975). 교사들이 이런 연구들을 읽고, 어떤 의미를 도출하는지는 또 다른 문제다. 이런 연구 중에는 교사들이 실천에서 민감한 보육의 의미를 이해하도록 돕는 몇몇 프로그램 모델이 있다(Whitebook, Howes, & Phillips, 1989). 문제는 영아 보육을 위한 독특한 환경에 적합한 모델로서 '어머니 모델(mothering)'과 '학교 모델(schooling)'이 부적절하게 혼합되었다는 점이다.

이 장에서 제시된 사례들은 교사들이 좀 더 영아들을 인식하고, 일상적인 실천에서 좀 더 반성적인 사고를 함으로써 결과적으로 교사들이 존재하는 환경 내에서 좀 더 민감하게 반응할 수 있다는 가능성을 분명하게 보여 준다. 문제는 교사들이 보육 환경에서 왜 자주 영아들을 만족시킬 수 없는가 하는 것이다. 이에 개개인의 교사를 비판하기보다는 어린이집의 조직과 운영 구조가 교사와 영아 간의 호혜적인 정서적 관계의 발달을 지지하는지 또는 억제하는지를 조사해 볼 필요가 있다.

보육의 시간적 · 공간적 특징

영아에 대한 이해와 감식 그리고 영아에 대한 감정은 현재 진행형이며, 장기간 형성된 정서적 관계와 공유된 역사에 의해 강화된다는 견해는 꽤 설득력이 있다. 그런데 이는 교사가 해야 하는 업무의 시간적인 특징, 그리고 교사의 업무와 관련된 영유아의 수 등에 의해 제한을 받기도 한다. 예를 들어, 이 연구에서 묘사된 일부 어린이집에서 영아들은 2세가 될 때까지 시간의 흐름에 따라 네 개의 교실 또는 그 이상의 다양한 집단에 배정된다. 영아의 연령에 따라 교실을 배정함으로써 영아들은 전형적으로 영아 I(6주~12개월), 영아 II(12~18개월), 걸음마기 영아 I(18~24개월), 걸음마기 영아 II 또는 2세 영아 학급을 거치게 된다. 순서와 범주화를 강조하는 이러한 시간적 분할은 일차적으로 운영의 목적을 위한 것이다. 이처럼 협소한 범주(예: 연령)로 영아들을 구분해서 영아의 요구나 보호적 일과가 유사하고 동질적이라고 인식함으로써 영아들을 좀 더 효율적으로 관리할 수 있다는 것은 분명 잘못된 가설이다. 경제적인 영향 또한 분명하게 존재한다. 가장 많은 수요는 영아 보육에 쏠려 있다. 그래서 영아들은 빠르게 높은 반으로 '옮기고', 교실은 새로운 영아들로 곧 재구성되며, 어린이집은 이익을 얻게 된다. 비영리단체에서도 나타나는 이런 현상은 보육의 상업화를 이용하고 있는 것이다.

이 학급에서 저 학급으로 '진급하는' 것과 더불어 세분화된 공간에서 하루라는 시간을 보내는 동안 각 영아들은 일반적으로 최소 네 명의 교사들의 보살핌을 받게 된다. 법적으로 허용된 학급의 집단 규모를 최대화하려는 비용-효과 측면을 고려하고, 교사와 영아의 비율에 맞추려면 어떤 시간이든지 한 학급에 최소 두 명의 교사가 배치되어야 한다. 더욱이 10~12시간가량 운영하는 보육 프로그램에서 하루 종일 시간을 보내는 영아에게 환영의 등원 인사를 하는 교사가 '잘 가.' 라는 저녁의 귀가 인사까지 함께하지 않는다(Calder, 1985). 그러므로 영아기부터 어린이집에 다닌 영아가 2세경이 되면 이 영아는 최소한 네 곳의 교실에서 16명의 교사들에게서 보살핌을 받은 셈이다(대체 교사나 높은 이직률은 이러한 최소한의 교사 수를 더 증가시킨다). 이런 요인들은 영아와 교사의 호혜적인 정서 관계를 확립하고 유지하는 것을 매우 어렵게 한다.

이런 고찰은 보육 프로그램에서 어떻게 영아들의 학급을 나누고, 그 학급에 적합하게 어떻게 교사들을 배치해야 하는지를 생각해 보게 한다. 예를 들어, 영아반과 걸음마기 영아반 등 4학급을 운영하는 기관이라면, 6~12개월마다 '수료'를 하는 대신에 2~3세 연령까지 그 기간을 확장해서, 필요하다면 물리적 환경을 조정하면서 같은 교사들과 같은 교실에서 지내게 할 수 있다.[7] 가족의 자연스러운 이동(예: 이사)으로 영아가 떠날 때마다, 그리고 영아들이 3~4세가 되어 다른 학급으로 진학할 때마다 새로운 영아가 해당 연령 학급에 들어오면 된다.

한편 교사들의 근무 조건을 보면, 넓은 의미에서 그 사회의 일하는 날(day) 또는 주(week)의 영향을 받는다. 즉, "일상적인 근무 리듬은 인간적인 근무 일과로 구성되기보다는 영리 추구에 맞추어져 있다."(Harvey, 1989, p. 231) 따라서 근무하는 날 교사와 영아의 개인적인 경험은 그날의 시간적 맥락에 의해 통제를 받게 된다. 아동의 세계에 들어가기를, 그리고 집중하기를 요구받으면서, 교사들은 영유아들과 매일 8시간 동안 일해야 하는가? 대부분의 보육 프로그램에서 교사들은 법적으로 휴식을 취할 수 없다. 왜냐하면 영아들의 요구는 끊임없고, 많은 시설이 교사가 휴식을 취하는 동안 법적인 교사와 아동의 비율을 유지할 만큼 충분한 교사를 배치하고 있지 않기 때문이다.

교사의 소진과 근무 조건에 관한 연구에서 Maslach와 Pines (1977)는 교사들이 직접 영유아들과 지내면서 일하는 시간이 많을수록 더 많은 스트레스를 경험하며, 더 많은 부정적인 태도를 보인다고 하였다. 이런 교사들은 일과를 운영하는 데 더 엄격해지는 경향이 있다. 예를 들어, 모든 영아에게 낮잠을 자도록 강요하는 것이다. 교사들이 상황이나 개별 영유아와 관련된 변인을 고려하지 않고 하루 일과를 적용하기 때문에 교사들은 아동과의 '상호작용에서 존재감을 드러내지 못하게 된다'. 즉, "보살핌은 사라지고, 오직 보살핌에 대한 착각만 남는다."(Noddings, 1984, p. 26)는 것이다. 이런 결과들은 교사가 영아들과 직접적으로 접촉하는 시간이 하루에 약 6시간으로 감소되어야 함을 시사한다. 현재 규정에 따라 하루 종일 근무하는 시간(8시간 근무라면) 중 다른 2시간은 운영과 관련된 업무(예를 들어, 발달 기록을 작성하는 것), 부모와의 의사소통, 민감한 보육을 위해 교사의 능력이나 책임을 갱신하고 확대하는 현직 교육과 전문성 발달에 쓰일 수 있다. 지금부터는 이런 현직 교육이 어떤 결과를 낳는지에 대해 설명하고자 한다.

교사를 위한 보살핌

어린이집에서 교사는 영아의 경험에 매우 중요한 역할을 한다. 아동과 교사 간의 긍정적인 관계가 중요하다는 연구 결과는 수없이 많다(Zigler & Lang, 1991, pp. 65-66). 그럼에도 사회적으로 보육교사의 업무가 매우 중요하며, 지나친 요구에 도전하게 하는 것임을 인식하지 못하고 있다. 보육교사들이 여성이라는 이유만으로[8] 교사들이 어느 정도 '본능적으로' 감정이입을 할 수 있고, 자신의 자녀가 아닌 아주 어린 영아들을 보살필 수 있는 기술을 가지고 있다고 가정해서는 안 된다.

민감하고 반응적인 보육에 대한 요구들은 보육교사에게 매우 많은 기대를 하게 한다. 필자가 앞에서 제시한 것처럼 민감한 보육에 대한 의미를 탐구해 보면, Rousseau 학파의 전통에서 찾아볼 수 있는 모성기에 대한 낭만적인 묘사가 앵무새처럼 되풀이되는 것 같다. 즉, 전체적으로 몰입하면서, 참을성 있게 헌신하면서, 희생하는 것을 모성기의 의무로 영광스럽게 여기는 것이다 (Block & Block, 1980; Elshtain, 1981 참조). 교사의 이기심 없는 보살핌 행위는 그 과정에서 교사 자신을 잃어버리게 할 수 있기 때문에 실제로는 교사의 보살핌 능력을 저하시킬 수도 있다. 교사가 도전해야 하는 과제는 영유아 보육과 동시에 교사 자신의 복지를 유지하는 능력에 집중하는 것이다(Gilligan, 1982 참조). 이에 대해 Hochschild(1983)는 정서 노동에 대한 도전은 "자아를 보육교사라는 역할에 놓고, 그 역할에 대한 스트레스를 최소화하면서 그 역할을 하는 방식"(p. 188)으로 자신을 교사의 역할에 적응시키는 것이라고 하였다.

보육 프로그램에 종사하는 교사 및 원장의 전문화에 대한 연구가 수행되고 있지만, 정서적으로 민감한 보육을 위해서는 교사의 능력도 발달되어야 한다. 그러나 보살핌을 받아야 하는 교사의 요구는 알려지지 않고 있다. Foucault(1988)는 타인의 지배와 전제군주적인 권력의 실행은 자신을 보살피지 못하는 것에서 기인한다고 하였다. Noddings(1984)가 지적했듯이 우리가 교사를 지원하고 배려하지 않는다면, "교사들은 전적으로 자신에 대한 보살핌을 잃어버릴 것이다. 보살핌이 지속되려면 명확하게 자신에 대한 보살핌이 지속되어야만 한다."(p. 100)

민감하고 반응적인 보육을 위해 교사의 능력을 지원하는 프로그램에서 교사 자신도 보살핌의 범위에 포함되어야 한다. 그중 한 가지 방법은 교사들에게 해석학 연구자로 성장할 수 있는 기회와 격려를 제공하는 것이다. 그리하여 교사들은 보육의 책임을 공유하는 성인들 그리고 타인—보살핌을 받는 영유아들—과의 상호작용에서 어떻게 교사의 삶을 살고 있는지를 탐구할 수 있다(Misgeld & Jardine, 1989). 이런 개념은 페미니즘의 의식-발화(consciousness-raising) 그리고 비판적 교육학의 대화적 만남 등과 일맥상통한다. 다시 말해, 개별 교사들은 그들의 경험, 특히 그들의 일상적인 문제에 직면하고 이에 대한 이해력을 탐색하는 과정을 통해 교사의 경험을 변형하는 능력을 형성할 수 있다.[9)]

성인은 자신의 아동기를 기억하지 못하기 때문에 아동에게서 정서적인 스트레스를 경험한다. 교사들은 자신의 아동기 시기의 요구들과 취약성을 기억해 냄으로써 영유아의 요구와 취약성을 인정하게 되고 반응하게 될 것이다(Bowman, 1989). 교사들이 민감한 보육의 의미를 탐색하는 것은 교사 자신의 아동기, 자신의 자서전을 탐구하면서 '지극히 개인적 차원'(Giroux, 1981, p. 158)에서 보육을 이해하도록 돕는다. 그러고 나면 교사들에게 민감한 보육의 의미는 자아를 조사하는 과정, 자아를 반성적으로 사고해 보는 과정, 자신을 보살피는 과정 등으로 변할 것이다.[10)]

교사는 자기 자신은 물론 영유아에 대해 좀 더 알아야 하며, 자신과 영유아의 정서에 대해서도 편안해져야 한다. 타인과 자기 자신을 보살핀다는 것은 "다른 사람의 감정을 알고 체험할 수 있고, 타자에게 영향을 주고, 또 영향을 받는 것을 스스로 인식하는 것"(Gilligan & Wiggins, 1988, p. 123)이다. 또한 자아 인식 그리고 자아 보살핌은 교사의 일부분으로서 자아를 수용하는 것을 요구한다.

(타자를 위해 행하는 행동과 구분되는 것으로서) 타자에 대해 느끼는 것, 타자와 함께 느끼는 것…… 이것은 (교사들이) 느끼는 것을 자신의 능력으로 감당해야 하는 것이다. 그리고 교

사들은 자신의 감정을 존중하고, 그 감정을 편안하게 느낄 수 있고, 자신의 일부분으로 그 감정을 수용할 수 있을 때만 그렇게 할 수 있다. 이는 곧 자신에 대한 연민인 자아 수용을 의미한다(Jersild, 1955, p. 133).

요약

이 장에서 필자는 정서적으로 민감한 보육, 보육에 권력 부여하기 개념 등을 구성하여 제안하였다. 필자는 영유아를 능동적이고, 반성적 사고를 하고, 의사소통하는 정서적인 존재로 이해해야 하는 중요성을 강조하였다. 그리고 영유아에게 개인적인 권력을 부여하는 것을 지지하는 방식으로 민감한 호혜성과 감정이입의 중요성도 제시하였다. 아울러 이런 개념들의 의미를 설명해 주는 사례도 제시하였다. 또한 어린이집의 구조와 조직의 측면에서 교사와 영유아 모두에게 더 좋은 환경이 될 수 있는 가능성도 제안하였다. 마지막으로, 보육은 교사에게 중요한 일부분으로서 자아 숙고(self-reflection)를 요구하는 활동이라고 제시하였다.

제6장
영아 어린이집:
앞으로 나아갈 방향

고 찰
논 의
앞으로의 방향
결 론

제6장 영아 어린이집: 앞으로 나아갈 방향

나는 감시자가 아니다. 나는 참여자다.

- Merleau-Ponty, *The phenomenology of Perception*

이 연구의 목적은 어린이집에서 영아와 교사의 권력과 정서에 관련된 문제가 되는 경험을 설명하는 데 있다. 이에 따라 다음과 같이 세부 목표를 세 개로 나누었다. 첫째, 독자에게 문제가 되는 경험들을 보여 주고, 해석하는 것이다. 둘째, 이와 관련된 비판으로서 집단 보육 환경 내에서 정서적으로 민감하고, 권력이 부여된 보육에 대한 의미의 탐색을 시도하였다. 이러한 첫 번째와 두 번째 목표는 세 번째 목표와 관련된다. 세 번째 목표는 체험된 경험을 묘사하고 해석하는 과정에서 다양한 이론적 관점에 근거한 권력을 보여 줌으로써 다양한 철학적 관점을 통합하고자 하였다. 마지막 장인 이 장에서 필자는 앞의 세 가지 목표와 관련된 관찰과

이해를 총괄하여 고찰해 보고, 결론을 통해 앞으로의 방향을 제안
하고자 한다.

고 찰

문제가 되는 경험: 권력

이 텍스트의 많은 부분에서 필자는 어린이집에서 영아와 교사
가 공유하는 여러 가지 일과 제약을 면밀하게, 그리고 비판적으로
고찰하였다. 필자는 영아의 행동과 선택을 제한하고 지속적인 감
시를 통해 영아에게 복종을 강요하는 공간 체제에 대해 설명하였
다. 훈육적인 통제는 특히 융통성 없는 하루 일과의 운영을 통해
영아에 대한 교사의 착취적인 권력의 실행과 통제라는 또 다른 모
습으로 드러났다. 제시된 사례들은 교사의 권력이 영아 놀이에서
의 자유를 어떻게 침범하는지도 보여 주었다. 필자는 어린이집을
교사의 부정적인 권력에 저항하기 위한 영아의 노력이 존재하는
곳, 영아의 자율성에 기반을 둔 행동을 약화시키는 장소, 즉 투쟁
의 장소로 어떻게 개념화되는지 기술하였다.

교사의 착취적인 권력 실행은 변용적이며 발달적인 권력 그리
고 정서적으로 민감하고, 권력이 부여된 보육과는 대조적인 권력
이었다. 필자는 어린이집이라는 사회적 세계에서 아동이 어떻게
쉽게 다루어지고 있고, 교사의 권력, 통제, 완고한 권위 등이 어떻

게 수용되는지를 보여 주려고 하였다.

문제가 되는 경험: 정서

권력의 실행은 정서적으로 황폐된 환경에서 일어난다. 교사는 영유아들을 신체적으로 관리하면서, 영아들의 정서적 표현과 간청을 무시하고, 거절하고, 부인하면서 영유아들을 대상화하고 있었다. 그래서 교사들이 영유아들을 '보육하는' 행동을 실천할 때는 호혜성과 감정이입이 부족하다고 설명하였다. 이런 정서적인 불화는 소외된 정서 노동—급여를 받기 위해 보살핌을 파는 활동—이라는 용어로 설명하였다. 이런 교사들은 적대감이나 분노를 가지고 영유아들을 만나고 자신의 업무를 처리함으로써 보육 업무가 얼마나 소외된 노동인지를 보여 주고 있었다. 본질적으로 이런 어린이집 프로그램의 정서적 문화는 영유아들을 하찮게 여기고 있으며, 보살핌은 없다고 말할 수 있다. 영아들은 직관적인 순간들 속에서 살아가기 때문에 이런 방식으로 어린이집이라는 세계를 경험하는 영유아들에게 필자는 많은 우려를 표명할 수 밖에 없다.

정서적으로 민감하고, 권력 부여된 보육

영아 어린이집의 문제점을 나열한 것은 어머니가 가정에 머물면서 자녀를 유능하게 보살피는 신화적인 시절로 회귀해야 함을 주장하기 위해서가 아니다.[1] 오히려 현재의 사회적 구조를 개선

해서 정서적으로 민감하고, 권력이 부여된 보육으로 집단 보육 환경을 발전시켜야 함을 상기시키고 싶어서였다. 이와 관련된 이론적 접근은 5장에서 제시했다. 여기서는 민감한 보육과 관련된 개념을 탐구해 보고자 한다. 이 개념들은 영아의 의도성과 정서성을 인정하고, 영아의 몸짓언어에 반응하며, 호혜적인 상호작용에 참여하고, 영아의 정서 표현과 존재에 대한 탐구에 감정이입하면서 반응하는 것 등을 포함한다. 특히 교사가 보육이라는 업무에 종사하면서 타자의 세계로 들어갈 때, 교사는 상호 주관성과 정서성의 중요성을 인식해야 한다고 필자는 교사들에게 간청하고 싶다.

정서적으로 민감한 보육에 대한 요구가 있기 때문에 어린이집은 보살핌에 대한 시간적·공간적 측면을 고려하면서, 영아의 학급 편성 및 영아들과 함께 일하는 교사의 근무 시간 등을 재조직해야 한다고 제안하였다. 마지막으로, 보살핌이 자기 숙고적인 활동(self-reflective activity)이 되기 위해서는 교사에게도 보살핌이 필요하다고 지적하였다. 이는 교사들이 진지하게 자신의 정서를 받아들이고, 보육 환경에서 교사들이 야기하는 권력을 파악하여 영아에게 미치는 권력의 영향력을 인식해야 함을 의미한다.

논 의

비윤리적인 것, 특히 비윤리적인 양육은 정치적 지원 없이는 실현될 수 없다.
– Kuykendall, *Toward an ethic of nurturance*

어린이집 내에서 보육에 대한 많은 문제는 우리 사회 내에 오랫동안 스며든 문화적 가치의 모순에서 기인한다. 학교처럼 어린이집 프로그램은 우리 사회의 명시적으로, 그리고 암묵적으로 유지해 온 가치들을 반영하고 구체적으로 보여 준다. 예를 들어, 효율성, 통제와 객관성, 공적 및 사적 영역, 우리 사회에서 여성의 역할, 우리 문화에서 영유아의 지위 등에 대한 가치들을 드러낸다. 그리고 이런 신념과 가치는 집단적인 실천과 관례에 스며들어 역사적으로 전개되어 왔다. 이에 대한 비판적인 인식 없이 보육의 의미 있는 변화는 창출될 수 없다.

훈육과 권위라는 이데올로기에 근거하여 조직된 보육 프로그램에서 영유아의 경험은 별반 새롭지 않다. 새롭게 부각되는 점은 집단 보육 프로그램에서 매일 상당한 시간을 보내는 영아(영아와 걸음마기 영아)의 수가 증가하고 있고, 이 영아들이 학교, 공장, 감옥 그리고 다른 기관들에서나 찾아볼 수 있는 유사한 훈육적인 통제에 복종해야 한다는 것이다. 표준화된 집단 보육에서 훈육은 "모던 시대에 과학적으로 영감을 받은 훈육 그리고 이성에 근거한 훈육에 대한 또 다른 표현이고 더 넓은 확장이다."(Cahill & Loseke, 1990, p. 31. iii)

기술적인 지식(technical knowledge)에 높은 가치를 두는 문화에서 성인과 아동 간의 관계는 기술적인 해결(technical soultion)을 요구하는 기술적인 문제(technical problem)로 인식된다(Misgeld & Jardine, 1989). 이런 현상은 집단 보육 환경에서 나타나는 권력 관계, 특히 영유아의 시간 운영과 복잡하게 얽혀 있다. Misgeld와

Jardine에 따르면, 기술적인 접근(technical approach)이 우세한 경향을 보이는 이유는 이 접근법이 지배적인 방법이자, 통제와 조작에 의존하는 방법이기 때문이다.[2]

영유아를 위한 어린이집의 일부 문제는 사회적으로 구성된 모성기에 대한 개념에 근거하기 때문에 가정 밖 보육에 대한 역사적 경향을 추적해 볼 필요가 있다.[3] 우리는 전통적으로 대리적인 보육 기관들을 가정 양육이나 어머니의 보살핌보다 열등한 것으로 여겨 왔다. 이런 관점은 민감한 보육에 대한 요구에 대해 정치적 · 사회적 · 경제적인 지원을 받지 못하면서 자아 충족적 예언❶으로 구성되어 강화되어 왔다.

보육 시스템은 역사적으로 국가적 위기, 사회 개혁, 사회의 경제적 요구 등에 반응하면서 진화되어 왔다.[4] Fraser(1989)에 따르면 "보육에 대한 정치학은 '요구들'에 대해 헤게모니적 이해를 형성하려는 투쟁"(p. 173)이다. 그러나 정작 이런 모든 '요구'(예, 복지 개혁)는 교사나 교사의 보살핌을 받는 영유아들을 무시하는 경향이 있다. 좀 더 확대해 보면, 이런 교사 및 영유아들의 경험과 '요구'는 공공정책 담론에서 배제되어 왔다. 심지어 영아들은 '우리의 가장 소중한 자원이고, 미래에 대한 투자'라고 자주 표현하면서도 말이다.[5]

보육에 대한 일부 문제들은 보살핌을 역사적으로 젠더화된 일

역주 ❶ 사회심리학에 나오는 심리현상으로 어떻게 행동하리라는 주위의 예언이 행위자에게 영향을 주어 결국 그렇게 행동하도록 만든다는 이론이다.

로 개념화하기 때문에 나타나기도 한다.

> 여성은 어머니이거나, 어머니가 될 것이고, 또는 어머니가
> 되어야 한다는 배경에 근거하여 보살피는 일에 종사하게 된
> 다. 여성은 보육교사로 종사하는 동안 어머니처럼 느껴야 한
> 다고 기대를 받으며…… 적은 보수나 무보수에도 만족하도록
> 기대받는다(New & David, 1985, p. 13).

근무 환경으로서 보육 환경은 모순되는 가치와 실천을 보여 주
는 환경이며, 서로에 대한 신뢰가 부족한 환경으로서(Leach & Page,
1987), 선의를 가진 교사에게는 도전적인 환경이다. Fraser(1989)
는 아동 양육자(rearer)와 종사자(worker)라는 두 역할들은 '개념
적인 불협화음'(p. 125)이라고 언급하면서, 이런 역할은 근본적으
로 서로 양립할 수 없는 개념으로 구성되었다고 지적한다. 다시
말해 종사자의 역할은 남성적인 역할인 반면, 아동 양육자의 역할
은 여성적인 역할이다. 사랑, 양육, 희생이라는 사적이고 여성적
인 영역은 관례, 규칙, 질서, 통일성, 규범, 절차 등을 강조하는 경
향을 띤 '남성적인' 또는 '과학적인' 근무 환경의 개념과 대조적
이다(Cann, 1987; Kanter, 1975). 그렇기 때문에 교사는 이해와 행
동의 경계가 명확하지 않은 혼란스러운 영역에 직면하게 된다. 교
사는 이런 모순되는 역할과 책임을 수행할 준비가 되지 않은 자신
을 발견하는 상황에 처하게 된다.

그렇다면 영유아들과 교사에게 문제가 되는 경험을 조사한 이

연구는 어린이집의 교사에게 합리적으로 기대할 수 있는 것이 과연 무엇인가를 제시하고자 하였다. 영유아와 교사는 자기통제적인 상호작용 단위로 고립되어 있지 않다. 다시 말해, 영유아와 교사가 함께 얽혀 있는 문제가 되는 경험은 어린이집을 넘어선 정치적이고 사회적인 현실을 반영한 것으로, 사회적으로 존재하는 모든 영역에 스며 있다. 영유아는 집단 보육 환경에 맡겨지기 때문에 이런 특정한 환경의 어떤 조건이 보살핌의 관계, 정서적 반응성, 영유아의 자율성 발달 등을 지속 가능케 하는지 고려해 보는 것이 중요하다. 정서적으로 민감한 권력이 부여된 보육은 감정, 참여, 관계, 연민, 존중, 편안함, 양육 등 우리 문화에서 무시되었던 경험의 영역에 대한 관심을 요구한다.

결론적으로, 보육 환경을 인간적인 환경으로 만들려고 노력한다는 것은 근본적으로 우리의 신념과 실행의 변화에 달려 있다. 최소한 아동 보육이라는 어구의 의미에 관심을 가진다는 것은 실존주의자인 Noddings가 설명한 '우리가 하고 있는 것에 대한 인식과 실행'(1984, p. 35)을 상기시킨다. 그 이유는 영유아들이 매일 체험하는 경험과 보육하는 성인의 능력이 보육의 성패를 좌우하기 때문이다.

앞으로의 방향

이론적 · 철학적 배경

제1장에서 영아 보육에 대한 지배적인 연구들을 고찰하면서 체험된 경험, 상호작용, 정서 등을 좀 더 상세히 다룬 프로젝트가 필요하고, 우리의 연구 노력에 대해 보다 자아의식적인 비판도 필요하다고 지적하였다. 영유아 보육 및 교육 분야는 아동에 대한 연구, 특히 아동이 소속되어 있는 환경에서 아동이 체험하는 경험에 대한 연구를 수행할 때, 간학문적(interdisciplinary)이면서 다이론적 접근(multitheoretical approach)을 통해 더 많은 이득을 얻을 수 있다. 이런 신념은 이 책의 제2장에서 제시한 이론적인 배경의 토대가 되었다. 아울러 아동기, 특히 3세 이하 영유아의 특정한 발달 요구와 능력에 좀 더 관심을 가져야 할 필요가 있다.[6] 마찬가지로 다른 학문들도 영유아를 포함하는 관련 연구를 확대함으로써 영유아기의 중요성을 인정해야 한다. 영유아 보육을 공공정책의 가장 아래 단계로 배치하고 있는 현재의 계층 구조는 학술적인 분야에서도 그대로 적용된다.

보육을 위한 시사점은 아동 심리학 또는 발달 이론에서만 도출될 수 없다. "아동이 어떻게 학습하고 발달하는지에 대한 이론적 가설과 아울러…… 교육 사상들은 가치로운 것이 무엇인지에 대해 가치 가설을 포함한다."(Kohlberg & Mayer, 1972, p. 463) 이런 가치와 가설들은 교사 교육뿐만 아니라 교사들에 관한 연구에서 보다 분명하게 제시되어야 한다. Brian Vandenberg(1987b)는 '사랑, 보살핌, 연민'과 같은 용어들은 전문적인 텍스트에서 찾아볼 수 없다고 지적한다.

> 우리는 애착, 친사회적 행동, 사회적 기술 관리 등과 같이 좀 더 전문적이고 기술적인(technical) 용어들을 사용한다. 그러나 만일 우리가 우리의 연구와 학회에서 사랑 그리고 보살핌과 같은 용어의 사용을 두려워한다면, 인간의 삶을 비인간화하는 기술적으로 운영되는 사회의 경향에 동참하는 것이 아닌가(p. 8)?

간학문적이고 다이론적 접근법들은 교사에게 그리고 교사를 양성하고 연구하는 사람들에게 정서적으로 몰입하는 자신에 대한 시각을 정당화할 수 있는 이론들에 기초하여 자신의 행동에 대해 보다 넓고, 보다 의미 있는 철학적 기초를 제공할 수 있을 것이다. 이렇게 된다면 영유아 보육의 실천은 철학적이고 도덕적이 될 수 있으며, 이론들에 근거하여 운영될 수 있다. Vandenberg(1987a)는 "이 세계에서 우리는 타자들과 함께 존재한다. 이 사실은 우리의 감정이입과 도덕적 책임감을 통해 명확해지며, 나아가 존재의 신비함도 알게 된다. 감정이입과 도덕성은 인식론적으로 획득되는 것이 아니라 존재론적으로 주어지는 것이다."(p. 7)라고 하였다. 기관 중심의 보육을 위한 이론적 · 철학적 토대를 확장하기 위해서는 다중적이고 다양한 목소리를 포함시켜야 한다. 여기서 설명된 민감하고 반응적인 보육은 많은 부분 필자의 개인적인 경험과 확신에 의존하고 있다. 필자가 현상학, 상호작용주의, 페미니즘, 비판 이론 등에서 이론적 근거를 도출했지만, 여기서의 설명은 가정 중심, 백인, 중산층 어머니에 대한 연구에서 도출된 아동의 양육에 대한 시사점을 연상시킨다. 민감한 보육에 대한 개념과 실천에는 다양한 문화적 변인이 있음을 인정해야 한다.[7] 이런 변인들은 후속 연구와 논의(교사 간의 논의를 포함하여)에서 풍성해질 수 있을 것이다. 여기서 제시된 것들은 민감한 보육에 대한 다양한 개념이 탐구된 것으로, 가족이 아닌 집단 보육 환경에서 일어나는 상호작용의 기록을 포함한 대화의 첫 시도로 봐 주었으면 좋겠다.

교 사

보육은 영유아를 위한 환경으로 폭넓게 연구되어 왔다. 그러나 성인을 위한 근무 환경으로서 보육의 역할은 실제로 연구되지 않은 채로 남아 있다(Phillips, 1987b). 보육 종사자의 42%가 매년 이직하고 있다고 추정하는 국가 통계(Phillips, 1987b)는 보육교사에 대한 관심이 부적절하고, 교사의 정서 노동에 대한 인식이 부족하며, 교사의 업무에 영향을 주는 제약을 이해하지 못하고 있음을 보여 준다. 연구에서 놓치고 있는 것은 보살피는 경험에 대한 교사들의 관점 연구로, 이런 '자연스럽지 않은' 맥락에서 교사가 직

면하는 문제에 대한 탐구가 필요하다. 이 텍스트도 이를 설명하기
에는 부족하다.

이 연구의 설명에는 교사들이 배신감을 느낄 수도 있는 윤리적
인 점도 있고, 필자도 이를 공감하기 때문에 이 연구가 진행되는
내내 혼란스러웠다. 필자는 교사들에게 상처를 주려는 목적이 아
니라 자신의 입장을 대변할 수 없는 연약한 영유아를 책임져야 하
는 교사의 삶의 세계에 대한 이해를 돕기 위한 것이었다. 만일 이
연구에서 교사들이 비우호적으로 묘사되었다면, 그것은 이 연구의
우선적인 목적을 영유아에게 두었기 때문임을 밝히고자 한다.

아울러 연구 프로젝트에서 나타나는 특성, 해석학적 연구를 수
행하는 '순간순간의 압력'(Hatch, 1993), 그리고 대학 강사이면서
연구자로서 필자의 역할에 대한 압박 때문에 이 텍스트에서 교사
의 목소리를 제대로 담지 못했다. 이 점은 필자가 인정하는 필자
의 한계일 수도 있으며, 지금 이 순간에야 깨달은 것일 수도 있다
(Leavitt, 1993a, 1993b 참조).

영유아 그리고 교사의 삶에 대한 필자의 몰입은 연구 프로젝트
가 아니라 실습 학생들의 장학 때문에 시작되었다. 지역 프로그램
과의 우호적이고 지원적인 관계를 형성하는 것은 필자가 이 대학
에 옮겨 온 이후에도 지속되었던 과정이었다. 영아 프로그램이 거
의 존재하지 않는 현실에서 대학은 연구와 실습 장소로서 이런 프
로그램에 의존할 수밖에 없다. 교사들은 학생, 동료, 필자를 자신
의 프로그램 손님으로 환영해 주었다. 필자는 현재의 학생들뿐만
아니라 이러한 프로그램에 종사할 미래의 학생들의 입장에서 '함

께해야' 할 필요성을 느꼈다. 필자가 라포를 유지하는 데 관심을 두는 것은 교사의 실천을 수용하고 동의함으로써 교사의 입장에서 해석할 수 있다는 가능성 때문이다. 실제로 교사들의 교실에 학생을 실습 보내는 것 그 자체만으로도 교사들의 실천을 인정하는 것으로 해석할 수 있다.

필자가 이런 프로그램을 방문할 때, 교사들은 자주 다양한 대화에 필자를 참여시켰다. 때로 교사 자신, 교사의 삶, 교사의 동료(co-worker), 장학사, 영유아와 부모에 대한 이야기에도 참여시켰다. 때로 교사들은 일부 보육 실천과 관련하여 필자의 의견을 구하기도 했다. 보육교사들의 질문은 정보를 제공해 주기보다는 검증을 위한 시도였다고 필자는 생각한다. 예를 들어, 필자에게 우는 아기에 대해 물어볼 때, 필자는 솔직하게 대답하였다. 필자는 3~4명의 아기들이 동시에 울 때 얼마나 어려울지, 그리고 어떤 반응이든 별것 아닐 수 있다는 것을 시인하였다. 그러나 아기가 괴로워할 때는 반응해 주어야 하며, 상황이 허락한다면 아기들을 안아 주어야 한다고 생각한다.

사실 연구들에 따르면, 아기의 울음에 반응하려면 실제로 아기의 울음에 대해 배워야 한다. 교사들은 전형적으로 아기들의 응석을 받아 주지 않는 자신의 입장— '나는 하루 종일 아기를 안고 있어야 할지도 몰라요.'—을 거듭 주장했다. 영유아에게 우선적인 관심을 두어야 한다는 상황적인 제약 때문에, 그리고 교실의 학생들, 부모들, 다른 성인들은 그 상황을 유지하기 위해 '좋은 태도'를 드러내고 '잘 지내야 한다'는 바람 때문에 필자는 교사와 관련

된 이슈를 포기하였다. 따라서 지금 말하고 있는 이야기 대부분에
는 교사의 관점이 포함되지 않았다.

이런 한계점을 인정하지만, 필자를 교실에서 의심 없이 환영해
준 교사들에 대한 책임감에서는 벗어날 수 없다. 교사들의 이야기
를 듣는다고 필자의 비판이 변하지는 않는다. 오히려 교사들의 이
야기는 필자가 구성한 해석을 조명해 줄 수 있을 것이다.

교사들은 자신이 만들지 않은 시스템에 참여하고 있는 사람들
이다. 교사들의 실천에 대해 교사들은 어떻게 생각하는가? 교사들
은 관찰자에게 자신을 숨기지 않는다. 그렇다고 자신을 숨기지 않
는 행동은 그들의 실천이 합법적이고 적합하다는 것을 암시하는
것인가? 교사들은 직면하는 갈등을 어떻게 정의하며, 일상적인 업
무에서 자신의 선택을 어떻게 설명하는가? 교사들은 자신에 대해,
동료에 대해, 아동에 대해 어떻게 말하는가?

교사들의 관점은 필자가 이 연구에 참여한 교사들, 그리고 다른
교사들과 면담 과정에서 충분히 탐구되었다. 필자가 탐구하려는
주제들은 교사의 업무와 영유아에 대한 교사들의 감정, 아동기와
보육에 대한 교사들의 철학적 신념, 문제가 되는 경험과 보상을
주는 경험에 대한 교사들의 인식, 그리고 현재 근무하는 어린이집
들이 만족스럽고 지원적인(혹은 그렇지 않은) 근무 환경인가 등이
다. 필자는 교사들이 그들의 직업에서 자신을 어떻게 발견하는지,
업무를 위해 어떻게 준비했다고 느끼는지, 그리고 보육이라는 개
념에 대해 스스로 어떻게 협상하는지 궁금하다. 교사들은 영유아
들을 보살피는 동시에 자신의 복지를 어떻게 유지하려고 하는가?

시간이 지나면서 필자는 일부 교사들이 그들의 실천을 변화시키려는 것을 관찰하였다. 무엇이 이런 변화를 동기화하고, 영향을 주고, 이끄는지 알고 싶었다.

또한 이 연구에서 제시한 일부 사례를 공유하여, 그 사례에 대한 필자의 견해를 함께 나누면서 이에 대한 교사들의 해석을 듣고 싶었다. 요컨대, 이런 연구들의 주요 목적은 교사들의 언어로 교사들의 업무에 대해 부여한 의미를 조명하는 것이어야 한다. 이런 연구의 결과들은 교사들에게 보육에 대한 어떤 노력도 중요한 것으로 여기게 할 것이다.

아동

영유아들은 자신의 목소리를 낼 수 있는 수단과 권력을 갖고 있지 않다. 그래서 많은 해석학적인 노력을 통해 영유아들의 경험을 이해하고자 하는 것이다. 필자는 가능한 한 영유아의 관점에서 경험을 바라보려고 했지만, 영유아의 경험에 대한 성인인 필자의 해석은 필자의 세계관으로 그 경험을 처리하려는 경향에 제한을 받는다는 것을 알게 되었다. 어떤 날에는 필자가 영유아의 경험 때문에 정서적으로 영향을 받아서 어린이집을 나오기도 했다. 그러나 영유아들은 이런 선택권을 가지고 있지 않다. 이는 관찰자로서 필자는 관찰한 것에서 분리될 수 없다는 하나의 방식을 보여 준다.

이 텍스트에서 묘사된 상호작용의 의미와 중요성은 영유아가 경험하고, 그 경험을 이해하는 영유아의 해석에 중점을 두려고 하였다. 이를 위해 영유아에 대한 교사의 행동과 무행동의 '영향'은 그 자체보다 이에 대한 영유아들의 구성에 더 의존하였다(Kagan, Kearsley & Zelazo, 1980, p. 165 참조). 필자는 영유아의 경험의 의미를 이해하기 위해서 영유아의 눈을 통해 그 세계를 보려고 진지하게 노력했으며, 영유아의 입장에서 말할 수 있기를 바랐다. 필자는 우리 사회에서 침묵하고, 무시되고, 비가시적인 구성원인 영유아의 경험에 목소리를 부여하기 위해서 '지속적으로 목격'하려고 노력하였다. 영유아를 위한 어린이집에서 발생하는 영유아의 어려움과 이슈들의 심각함을 필자가 이해한 만큼 독자들도 이해해 주었으면 하는 것이 필자의 소망이다.

결 론

영아 어린이집에서 권력과 정서에 관련된 문제가 되는 경험에 대한 해석은 여기서 끝난 것이 아니라 다시 다룰 것이다(Denzin, 1984, p. 9 참조). 영아들이 체험하는 경험에 대한 이런 연구에서 어린이집에 다니는 영유아의 개인적인 어려움은 공적의 이슈로 이해되어야 한다(Mills, 1959 참조). 그렇게 했을 때 이해와 실행을 위한 이론적 기초로 발전시킬 수 있으며, 우리의 영유아들이 '그 세계에서 가정을'(Vandenberg, 1971, p. 63) 느낄 수 있을 것이다.

부록 해석학적 연구에서의 신뢰도

일부 사람들은 방법론을 과도하게, 그리고 고집스럽게 주장한다. 그들이 연구에서 원하는 것은 방법론이다. 이런 사람들은 방법론을 완벽하게 정밀하고, 완벽하게 공식적이라고 생각하지 않는다. ……변하지 않는 사실은 방법론에 대한 의지를 계속적으로 주장하는 연구들의 결과들은 그리 풍족하지 않다는 것이다. ……(그것은) 연구의 많은 부분을 사라지게 하거나 방법론이 적합하지 않아서 포기한 프로젝트의 많은 자료를 방법론적으로 살리는 확실한 방법도 아니다.

- Barthes, *The Rules of Language*

타당도에 대한 선입견은 가설과 절차의 근본적인 차이를 부정하고 양적 연구의 절차적인 변수들을 해석학적 연구에 적용한 결과이기 때문에(Smith 1984; Smith & Heshusius, 1986), 필자는 여기에서 몇 가지 언급하고자 한다. 동시에 필자는 해석학적 연구의 가치를 평가하고자 하는 독자들의 관심을 인정하고, 필자의 입장을 제안하고자 한다.

해석학적 연구의 목적은 구체적인 사회적 상황에서 삶의 경험을 드러내는 데 초점을 두기 때문에 기술적이면서도 특정적이다(Denzin, 1982). 해석학적 연구는 발현적인 탐구이기 때문에 타당도, 신뢰도, 참, 거짓, 객관성, 일반화 가능성, 대표성, 모사 가능성(replicability) 등의 개념이 양적 또는 실증적 연구들과 비교해 볼 때 다르게 이해되어야 한다(Denzin, 1982; 1989a, 1989b, 1989c; Genishi, 1982; Guba & Lincoln, 1982; Smith & Robbins, 1982). 그렇다고 이것이 해석학적 설명에 대한 평가 범주가 없음을 의미하지는 않는다. 질적 연구의 질에 대한 판단은 자료 수집 절차의 적합성, 사례를 기술하는 데 있어서 세부적인 풍부함, 해석의 깊이와 질에 달려 있다(Barritt, Beekman, Bleeker, & Mulderij, 1983; Polkinghorne, 1983을 보라).

연구 대상인 현장에 몰입하는 연구자에 대한 묘사는 연구자가 양적 연구자들이 제시하는 일부 범주에 부합하는 정도를 파악하게 해 준다. 이런 범주 중 하나의 예가 그 장소에 대한 몰입을 연장하고, 반복되는 관찰을 지속하는 것이다. 제시된 현지 노트(field note)는 개인과 상호작용하는 실제 행위를 바탕으로 해야 하고, 시간, 장소, 관찰자에 대한 반복되는 예를 담고 있어야 한다.

현지 노트의 수집과 해석은 패턴으로 인식되는 상호 관련적인 과정이며, 출현하는 주제에 대한 탐색으로 진행된다(Barritt,

Beekman, Bleeker, & Mulderij, 1983; Genishi, 1982; Porter & Potenza, 1982; Smith & Robbins, 1982). "텍스트에 의미를 부여하면서 패턴을 '알게 되는' 것은 통찰력을 요구한다……."(Polkinghorne, 1983; p. 238) 주제 탐색에 적용되는 어렵거나 빠른 법칙은 없다. 주제가 발생의 빈도와 관련될 수도 있지만, 사건에 대해 지각된 중요도와도 관련되기 때문에 주제에 따라 범주를 평가해야 한다(Walsh, Baturka, Smith, & Cotter, 1989).

단 한 번만 발생하거나 적은 빈도로 일어나는 사건들을 의미가 없다고 평가하는 것은 정당하지 않다. 어떤 경험은 단순하고 독특하지만, 이런 경험이라고 해서 현상을 이해하고 현상에 대한 통찰력을 제공하는 데 있어 중요하지 않다거나 취약하지 않다. Gadamer (1975)는 이와 관련하여 다음과 같이 말했다.

근대 과학에서…… 경험은 확인될 때만 타당하다. 그래서 경험의 가치는 근본적으로 반복 가능성에 달려 있다. 하지만 경험은 경험 자체의 특성에 의해 경험의 역사로 사라져 버린다(p. 311).

해석학적 연구에서 각 사례들은 '개별적 보편자'(Sartre, 1971/ 1981)로 간주되므로, 각 사례들은 통계적 계산에 의해 증명될 수 있는 것이라기보다는 좀 더 실제 상황에서 전형적으로, 비슷한 상황에서 어디에서나 일어날 수 있는 극적인 예들이다. "모든 사례가 그런 경험의 유형을 대표한다는 유사한 방식으로…… 이런 경험들은 전형적이다. ……어떤 사람의 경험에 대한 연구는 그 사람이 속한 집단과 삶의 활동을 동시에 드러나게 한다."(Burgess, 1966, pp. 185-186; Denzin, 1989c, p. 171에서 인용)

풍부한 기술(description)에서 나타나는 믿을 만한 가능성 또는 있을 법한 가능성(verisimilitude)은 연구의 건전성을 위한 또 다른 범주다. 있을 법한 가능성은 독자들이 상호작용의 흐름을 느끼고 이해할 수 있을 때, 다시 말해 연구되는 경험들이 독자의 마음에 되살아날 때(Denzin, 1982; 1989a) 성취될 수 있다. 여기에 제시된 현지노트의 행동들은 유사한 상황에서 관찰자들이 관찰할 수 있다는 점에서 '신뢰할' 만하다(Denzin, 1989c). 필자는 Suransky(1977)의 입장을 취하였다.

나는 나의 연구 결과들의 모사 가능성(replicability)이 증명되기를 바라지 않는다. 그 결과들은 지금도 유효한 채로 충분한 권력을 가지고 나에게 말하고 있다. ……나는 그런 환경에서 아동의 삶을 더 많이 조사하려는 과업 그 자체를 채택하고자 하는 사람들을 진지하게 격려할 것이다. ……내가 본 것이 광범위한 아동 보육 환경을 상징하는 것이라고 생각한다. 그러나 그런 생각은 더 많은 노력으로 도전받고 또는 지지받고 있다(pp. 8-9).

이 연구의 기초가 되는 이론적 가설, 편견 그리고 선행 연구들의 이해를 밝히기 위한 필자의 진지한 노력은 이 연구의 신뢰도에 대한 또 다른 측정 수단이다. 결국 이 연구는 아동이 겪는 경험을 지적인 것으로 보게 하고, 이런 경험과 관련된 사고를 촉구하는 연구 결과의 의의와 필자가 열어 놓은 '의미의 지평'의 정도에 의해 판단될 것이다.

제1장 연구를 시작하며

1) 사회학적으로 문제가 되는 일상 세계에 대한 자세한 설명은 D. E. Smith
(1979, 1987)를 참조하였다. 문제가 되는 아동기의 사회화 연구에 대한
제안과 관련된 연구는 Waksler(1986)에 잘 나와 있다.

2) Schutz(1967)는 당연하게 받아들이는(taken-for-granted) 것의 의미를
'더 이상의 분석이 필요하지 않은, 그 자체인 경험의 특정한 수준'이라고
설명하고 있다.

3) Sartre의 견해에 따르면, "정서는 세계와의 관계를 체험하기 위해 의식적
으로 선택하는 단순한 하나의 방법이다."(Barnes, 1956, p. 17)

4) 영아기가 3세 이하의 모든 아동을 가리키는 데 사용되지만, 여기서는 12~
15개월 영아 또는 아직 걷지 못하는 아동을 말한다. 일반적으로 걸음마기
영아는 이동할 수 있는 영아를 말하는데, 관련 문헌에서는 2세 영아도 포
함하고 있는 반면, 어린이집에 대한 주(state) 인가 기준에서는 걸음마기
영아를 15~24개월의 영아로 정의하고 있다.

5) 필자는 일반적으로 '보육(day care)'이라는 용어를 매일 또는 일시적인
기간 동안 아동을 수용하는 기관 또는 집단 보육 프로그램에 사용하였다.
프로그램 서비스 운영 시간이 8~10시간 혹은 더 길더라도, 아동이 매일
밤 가정으로 돌아가는 프로그램을 말한다. 그런가 하면 아동보육(child
care)이란 보육기관 또는 동등한 다른 환경 내에서 일어나는 일련의 행동

이나 행위를 뜻한다.

6) 얼마나 많은 3세 이하의 영유아들이 보육기관에 실제로 등록되어 있는지 정확한 수를 파악하는 것은 어렵다. 대부분의 통계는 이런 프로그램에 등록된 이 연령의 영아 수보다는 취업모의 수치 그리고 기관들의 기록에 의한 수치에 초점을 두기 때문이다. 그러나 분명한 것은 기관 중심의 보육 프로그램에 등록하는 영아의 수가 증가하고 있다는 사실이다.

7) 아동의 현재 삶에 대한 관심을 넘어서서 아동이 성인으로 성장한 후 미래의 기능화와 관련된 관심에 대한 설명은 Harkness와 Super(1983)를 참조하면 된다.

8) 연구 초기에 보육에 대한 지식은 보육교사 그리고 시설장이었던 필자의 경험에 뿌리를 두고 있었다. 대학원과 대학에서의 연구를 통해서 이런 개인적인 경험에서 발전한 이해는 보완되고 수정되었다. 또한 이런 이해를 통해 가능한 한 다른 개인이 체험한 상황에 대해 감정이입하면서 그 상황을 이해하지만, 이것은 필자가 연구 대상인 교실에 가지고 들어가는 선입견일 수도 있다. 연구 대상에 대한 특정한 참여와 정치적인 입장은 거리가 있음을 인정한다. 그래서 필자는 이해하려는 경험의 외부에 서 있으려 하지 않았다. 이것은 개인적인 견해를 객관화된 지식으로 변형시키고자 함이 아니라, 가치중립적인(value-free) 탐구에서는 인정되지 않지만 근거이론을 토대로 이해를 전개하려는 것이다.

9) 연구 참여 대상 중 첫 번째 어린이집과 두 번째 어린이집은 개인 소유로, 각 시설에 55~75명의 아동이 등록되어 있다. 첫 번째 어린이집은 '전문직' 맞벌이 부모가 많고, 두 번째 어린이집은 저소득층과 편부모를 포함하여 다양한 가족에게 서비스를 제공하고 있었으나 최근에 폐쇄되었다. 세 번째 어린이집과 네 번째 어린이집은 비영리시설이며 교회 건물에 위치해 있다. 이 시설들은 다양한 가족에게 서비스를 제공하고 부분적으로 연방 기금을 받고 있다. 세 번째 어린이집은 가장 큰 지역 시설 중 하나이며, 176명의 아동이 등록되어 있고, 저소득층 가족, 문화적으로 다양한 가족, 편부모 가족 등의 비율이 높다. 네 번째 어린이집은 71명을 수용하고 있으며, 여섯 가족 중 한 가족 정도가 소득에 따라 차등적인 비용을 내는 가족이지만 상당수의 가족이 학자 또는 전문직에 종사하고 있다. 다섯 번째 어린이집은 가장 새로운 시설로, 142명을 수용할 수 있는 법인 프로

그램이다. 여섯 번째 어린이집은 전국적인 체인망을 구축하고 있는 영리 프로그램의 지부로 123명의 유아들이 다닐 수 있다.

10) 관찰을 할 때 어떻게 '자연적'일 수 있느냐는 일부 질문은 참여 관찰의 '반작용적인 효과'에 대한 우려에서 출발한다(Denzin, 1989c). 이 효과가 정도에 따라 달라진다는 것을 인정하지만, 연구 참여 프로그램에서 시간이 지남에 따라 연구자의 관점은 확대되며, 긍정적인 관계도 유지되고, 점차 교사에게 연구자의 존재는 편안해진다. 실제로 교사들은 필자가 방문하고 있는 동안에 아동을 무시하거나 아동에게 소리를 지르는 것을 주저하지 않았다. 교사들은 종종 자신의 개인적인 삶에 대해 필자와 이야기했으며, 다른 교사와 운영자들에 대해서도 불만을 토로하였다. 이런 '편안함'은 필자가 가정 어린이집에서 수행했던 또 다른 참여 관찰 연구 동안 일어난 것과도 유사하다. 일부 교사들은 연구자가 있음에도 불구하고, 잠을 자거나 옷을 갈아입기도 했다(Eheart & Leavitt, 1989). 이 두 연구에서 연구자의 존재는 당연한 것으로 여겨지고 있다는 생각이 들었다. 어쨌든 해석학적 입장에서는 관찰된 내용과 관찰자를 분리하는 것은 불가능하다. 연구 자료는 독자의 관점에 의존하기 때문에 반작용적인 효과는 현지 노트에서 제시한 자료(data)에 의해 어느 정도 평가될 수 있을 것이다 (Denzin, 1989c).

11) 영아(infant) 어린이집에 대한 연구들을 좀 더 심층적으로 고찰하기 위해서는 Belsky(1984, 1985); Belsky와 Steinberg(1978); Belsky, Steinberg와 Walker(1982); Caldwell과 Freyer(1982); Clarke-Stewart(1982); Clarke-Stewart와 Fein(1983); Fein와 Fox(1988); Gamble과 Zigler (1986); Kagan-Kearsley와 Zelazo(1980); Kilmer(1979) 등을 참조하면 된다. 그리고 Ainslie(1984)의 소논문(article) 모음도 참조하면 된다.

12) 이 텍스트에서 인용된 참고문헌은 부분적으로 Rutter(1981)와 Bretherton 과 Waters(1985)를 보면 된다. 이 자료들에는 더 많은 정보가 있다.

13) 1세 이후의 보육은 이 논쟁의 대상이 아니었으며 걸음마기 영아에 대한 연구는 극히 드물게 이루어지고 있다(Eheart, in press). 그나마 이와 관련된 연구들은 극소수로, Howes(1987), Rubenstein과 Howes(1983), 그리고 Whitebook, Howes, Phillips(1989)를 참조하면 된다. 이런 연구들은 보육의 질은 다양하지만, 일반적으로 정서 발달은 종일제 보육을 받

았다고 손상되지는 않는다는 결론을 내리고 있다.

14) 영아 어린이집의 효과를 평가하기 위한 절차는 이런 실험실 절차의 윤리에 동의하고 있는 것으로, 이 논쟁은 생태학적 타당성과 낯선 상황에 대한 해석을 간과하고 있다. 격리와 재회라는 절차적 순서는 영유아들이 어머니에게서 편안함을 추구하는 정도를 측정하기 위하여 영아들이 스트레스를 받도록 목적적으로 고안된 것이다. 필자는 이런 절차를 조작하고 이 절차에 참여한 연구 대상자들을 대상화하기 때문에 과학이라는 미명하에 영아에게 이런 권력을 행사하는 것은 비윤리적이라고 주장한다. 영아들은 그들이 참여하고 있는 경험에 대해 거의 말을 하지 않기 때문에 종종 성인은 발달 목적 또는 상황적인 실천 능력에 해당하는 영아의 행동을 이론화한다. 이 경우, 이러한 과정들이 어린이집에서 아동의 경험을 평가하기 위한 대안적인 접근법으로 여겨지기는 하지만 그 정당성은 의문스럽다.

15) Ehrenreich와 English(1978), Lewin(1984), Shields와 Koster(1989), Willard(1988)를 참조하면 된다.

16) 부모의 비고용(unemployment)에 관한 연구에 나타나 있다(Bronfenbrenner & Crouter, 1982 참조).

17) Rhodes(1979)는 종일제 보육 연구뿐만 아니라 아동 발달 연구와 이론들이 가정에서 어머니들의 양육을 받는 아동에게 유리하도록 문화적 편견을 어떻게 반영하고 있는지를 잘 보여 준다.

18) Power(1985a)는 아동의 정서성(emotionality)에 관한 탈맥락적이고, 양적인 연구들의 부적합함에 관해 더 많은 설명을 하고 있다. 정서 연구를 위한 이론적 접근의 보다 폭넓은 관점은 Cirillo, Kaplan, Wapner(1989); Denzin(1984, 1985); Fogel(1980); Franks와 McCarthy(1989); Gordon (1981, 1985); Lewis와 Saarni(1985); Parke(1979); Power(1985b, 1986); Saarni와 Harris(1989); Shott(1979); Yarrow(1979) 외에도 다른 연구에서 찾아볼 수 있다.

19) 필자는 이런 연구의 공헌을 부인하거나 축소화하거나 간과하고 싶지는 않다. 그러나 이런 연구의 제한점(그리고 필자의 연구 제한점도)을 지적하고, 아동의 경험과 발달을 평가할 수 있는 다른 방식을 제안하고자 한다.

20) 예를 들어, Anderson, Nagle, Roberts와 Smith(1981); Belsky(1985); Clarke-Stewart(1984, 1987, 1988); Clarke-Stewart와 Gruber(1984);

Foz와 Fein(1988); Frye(1982); Zimiles(1986)를 참조하면 된다.

21) Bronfenbrenner(1979), Caldwell과 Freyer(1982), Clarke-Stewart와 Fein(1983), Porter와 Potenza(1983) 그리고 Scarr(1979)를 참조하면 된다.

제2장 이론 및 철학적 관점

1) 필자가 착수하려는 프로젝트에 접근하는 여러 가지 방향이 있으며, 아동의 경험을 해석하는 데 적용될 수 있는 다른 여러 텍스트(이를 테면, 경험, 교육, 자유에 관한 Dewey의 철학적 연구만을 적용해서 여기서 기술된 경험을 해석할 수도 있다)가 있음을 알고 있다. 이론적 배경은 필자의 개인적 자서전과 직업적 특성 그리고 대학원 저널 등에서 선별되었는데, 완벽하거나 포괄적인 방법에 의해서 이루어진 것은 아니다. 해석적 과정은 하나의 순환으로서, 필자의 이해가 불완전하다는 것을 인정한다. 연구의 출발점으로서 개인적 배경에 관해서는 Bernstein(1978), Denzin(1989a), Manen(1990), Mills(1959)를 참조하면 된다.

2) 필자는 이 문단을 편집하면서 여러 가지 텍스트에 의존하였다. 이 문단에서 적용된 주된 텍스트는 Barrit, Beekman, Bleeker, Mulderij(1983), Denzin(1982, 1989a, 1989b), Hoy(1988), Manen(1990), Packer(1985, 1987), Warren(1984)이다. 또한 Gadamer(1975, 1976)도 참조하였다. 현대의 해석학적 사상의 개괄은 Bleicher(1980)를, Sartre, Heidegger, Husserl, Hegel의 이론에 대한 설명은 Schroeder(1984)를, 현상학, 실존주의, 해석학, 문화 기술 방법에 대한 대규모의 저서 목록들은 Tesch(1985)를 참조하였다. 저서 목록은 참고문헌에서 찾아볼 수 있다.

3) 필자는 '해석학적 연구' 또는 '해석학적 관점'이라는 용어를 사용하려고 한다. 이는 해석학, 실존주의적 현상학의 집단에 상호작용론, 비판 이론, 페미니즘 그리고 포스트모던 관점을 포함시키기 위함이다. 이렇게 포함시키려는 움직임의 시작은 Denzin(1989a)에 의해 시도되어 왔다. 이런 움직임은 이 집단에 포함되는 사상들 간의 다양성을 감소시키려는 의도는 아니다.

4) Geertz(1973)가 '심층적인 기술' 용어를 가장 널리 알렸다. 그러나 필자는

이 용어에 대한 Denzin(1989a)의 견해에 주로 따랐다.

5) Denzin(1989a)은 해석학과 현상학의 전통적 경향에 상징적 상호작용주의 사상을 결합할 수 있음을 보여 주고 있다.

6) Mead(1934/1962), Cooley(1909/1937, 1922), Dewey(1929/1958, 1929/1960, 1931/1963)를 참조하였다. 그럼에도 불구하고, 실용주의 철학에 대한 설명이나 상징적 상호작용론과의 관계는 이 연구의 범위를 넘어서는 것이다.

7) '반성적 자아(reflected self)'에 대해서는 Berger와 Luckmann(1967)을 참조하였다. Cooley(1922)는 '자아 거울 보기'라고 하였고, Mead(1934/1962)은 '타인의 태도 취하기'라고 하였다.

8) 이 문단은 주로 Denzin(1977)의 텍스트인 Childhood Socialization에서 참조하였다.

9) 비판 이론에 대한 심층적인 설명과 역사는 Bernstein(1978), Bredo와 Feinberg(1982), Habermas(1968/1971), Jay(1973)의 텍스트에서 인용한 또 다른 자료들을 참조하였다.

10) 페미니스트들은 페미니즘 관점 내의 남성다움에 대한 편견 그리고 성(gender) 이슈에 대한 무시를 지적하고 있다(예: Fraser, 1989). 다른 페미니스트들에 따르면 역사적인 관심과 여성에 대한 우선순위는 여성의 독특한 경험에서 기인하며, 인간의 제도와 사회적 관계에 대한 두드러진 여성들의 비판의 근원을 제공했다고 언급한다(Grimshaw, 1986 참조).

11) R. Steele(1989)는 「해석학적 시선-비판적인 해석학적 접근」(p. 224)에서 보고, 이해하고, 감정의 변형 차원은 페미니스트의 의식-각성과 유사하다고 주장한다.

12) 앞에서 언급한 것처럼 페미니스트 철학은 단일화되거나 동질적인 담론이 아니라 몇 가지 공통적인 주제로 묶을 수 있다(Flax, 1987). 이 절에서는 주로 Cool과 Fonow(1986); De Lauretis(1986); Farganis(1986); Grimshwaw(1986); Harding(1987); Keohane, Rosaldo, Gelpi(1981); Martin(1988); Pateman과 Gross(1986); Stanley와 Wise(1983); Treichler(1986)의 연구에 의존하였다.

13) 비판 이론에 '충실한' 비판적 연구와 페미니즘 '의식-각성' 간의 차이는 상호적인 계몽(enlightenment)으로 보일 수도 있다. 또는 (두 이론의) 동

등한 지위와 전문 지식은 연구자와 '연구 대상' 때문일 수 있다. 비판 이론은 이 이론의 전위주의적인 어조뿐만 아니라 생색 내는 듯한 그리고 우월한 어조 때문에 비판을 받을 수 있다.

14) 보살핌이 여성의 '본능적' '본성적' 또는 '독특한 경험'으로 표현되는 한 필자는 페미니즘에서 보살핌에 대한 페미니즘의 윤리 또는 도덕성에 대한 설명을 신중하게 끌어들였다.

15) 포스트모던 사상의 핵심적인 특징은 Barthes(1957/1972, 1986), Baudrillard (1983a, 1983b), Foucault(1975/1979a, 1980), Lyotard (1979/1984) 등에 잘 나타나 있다. 포스트모던 사상은 포스트구조주의(Young, 1981), 문화 연구(Hall, 1980), 기호학(Baudrillard, 1981; Denzin, 1986b, 1987a), 해체 (Derrida, 1967/1978, 1976, 1981) 등을 포함한다. 이 이론들의 갈래에 대한 자세한 내용은 이 연구의 범위를 넘어서는 것이다.

16) '모더니티 프로젝트가 모더니티 비판 없이 존재할 수 없듯이' (Harvey, 1989, p. 15), 포스트모더니즘은 모더니즘을 멈추게 한다기보다는 모더니즘 내의 단순한 또 다른 운동인지에 대한 논쟁이 있다(Balbus, 1988; Berman, 1988; Foster, 1983; Hoy, 1988 참조). 모더니즘의 의미는 혼란스럽다. 모더니즘은 사상의 고정된 몸체가 아니다. 모더니즘은 많은 변화와 도전을 포함하고 있다. 이 점을 인정하면서, 포스트모더니즘이라는 이름하에 이런 주제들을 다루는 또 다른 연구물이 분명히 있기 때문에(Huyssen, 1984 참조) 필자는 모더니즘에 반응하는 독특한 운동으로서 포스트모더니즘에 대해 설명하고자 한다.

17) 이런 충고에도 불구하고 포스트모더니즘에 대한 비판은 포스트모더니즘을 전체화하고 헤게모니화(McLaren, 1991)하려는 경향에 주목하고 있다.

18) 필자는 모더니스트들의 관심사를 기꺼이 인정한다(Berman, 1988 참조). 그리고 모더니티가 보여 주는 문제만큼 전통적인 '거대' 이론들에도 문제점이 많다. Hoy(1988)는 "동일한 사람, 학문 또는 제도들은 일부 측면에서는 전통적이고, 나머지는 모던적이고, 또 다른 나머지는 포스트모던적일 수 있다."(p. 38)라고 말하였다. Stuhr(1990)는 "우리는 휴머니즘, 자유주의 그리고 공동체에 대해 전통적인 실용주의적 언급을 하면서 연구 주제와 문화적 형태에 대해 포스트모던적 설명을 탐색"(p. 657)한다고 하였다.

19) Rabinow와 Sullivan(1979)은 보다 비판적이고 포스트모던적 어조를 취하

면서 초기 비판 이론을 묘사하고 있다. 예를 들어, 좀 더 풍부하게 인간 존재를 회복하기 위한 기회가 거의 없다고 하면서 '부정적인 변증법'에 대해 설명하였다.
20) 다원적인 이론과 방법론적 접근법의 가치는 Howard(1983)와 Roth (1987)에 잘 나와 있다.

제3장 권력

1) Foucault의 훈육 시간에 대한 개념과 Weber의 훈육에 대한 정의는 유사하다. Weber는 훈육을 "비판적이지 않고 저항적이지 않은 집단의 복종으로 실천되는 특성"(Weber, 1962, p. 117)이라고 하였다.
2) 미국의 어린이집에서 영유아들의 '침묵의 문화'는 Freire가 언급한 중앙 아메리카, 남아메리카, '제3세계' 사회가 경험한 극도의 신체적 · 정치적 · 경제적 억압이나 폭력과 비교할 수 있음을 암시하려는 것은 아니다. 그러나 영유아들이 생의 초기 영아기부터 문화화되는 방식은 정도가 어떻든지 간에 억압적인 이데올로기의 강요가 있는 어린이집의 상황을 포함해서 당연하게 여겨지는 실천들로 구성되며, 우리의 일상에 얼마나 깊게 배어들었는지를 조명해 줄 수 있다.
3) 이 부분은 Emile의 가정교사는 "자신의 권력 사용 여부보다 아동을 완벽하게 지배하는 자유를 느끼면서"(p. 154) 아동 Emile을 순종하게 하고 조작하는 것이 본질이었을 것이라고 제시한 Sommerville(1990)를 참조했다.
4) Hill(1987), Jones(1988), Meyers(1987) 등은 권위와 자율성 간의 관계는 반대되는 관계라기보다는 듣기 좋은 말로 늘어 놓은 것이라고 설명한다.
5) Johnson(1990)은 교사를 판단하는 주된 범주 중 하나가 교실에서 '명령'을 유지하는 교사의 능력이라고 지적한다. 또한 Silberman(1970)은 '명령과 통제에 대한 학교의 몰두'(pp. 113-157)에 대해 설명하였다.

제4장 정서

1) 몇몇 학자들은 어린 영아들의 정서적 특성이라는 점에 반대할 것이다. 영아가 '진정한' 정서를 느끼고 인식한다는데 대한 논쟁이 있기 때문이다 (Yarrow, 1979 참조). 그러나 영아들은 직접적으로 정서적 문화에 놓이게 되며 보육교사의 감정에 민감하게 반응하게 된다.

2) 정서적인 상호작용을 하는 동안 보육교사들이 영유아를 대상화 또는 사람이 아닌 존재로 간주하는 또 다른 설명은 Leavitt과 Power(1989)를 참조하면 된다. 이처럼 정서적 정체성과 호혜성의 부족은 포스트모더니즘의 맥락에서 잘 설명하고 있다.

3) 정서적 삶의 저급화(degradation)를 설명한 Liljestrom(1983)에 따르면, 정서는 부정적인 측면에서 비이성적이고, 사적이고, '유치한' 것으로 여겨지기도 한다. 심지어 영유아도 이런 유치한 정서를 보이지 않기도 한다.

4) '자연스러운 순환(natural circles)' (p. 52) 내에서 보육교사들은 종종 갈등을 경험하며, 부담감을 느낄 수도 있다고 Noddings(1984)는 인정하였다.

5) Hochschild(1983)은 사적인 맥락에서 감정 관리를 정서적 노동(labor)과 정서적 일(work)로 구분하였다. 또한 가식적인 관계에 대해서는 Goffman (1967)을 참조하면 된다.

6) 보육교사의 행동을 이해하는 데 있어서 소외에 대한 마르크스주의자의 개념은 충분하지는 않다. 소외는 "소외되는 대상이 자아를 파편화하는 것이라기보다는 일관성 있게 지속하는 것일 수 있다"(Harvey, 1989, p. 53). 포스트모던적 입장에서 세계의 존재에 대한 방식은 파편화되어 있고 비고정적이다. 따라서 "주체의 소외는 주체의 파편으로 치환된다." (Jameson, 1984, p. 63; Harvey, 1989, P. 54에서 인용) 이 관점에서 보면, 보육교사는 포스트모던 사회의 생산물로서, 자신의 업무를 이미 파편화된 것으로 접근한다.

7) 8시간 동안 이러한 격리의 결과는 과소평가되어서는 안 된다. 필자가 매일 영아와 걸음마기 영아와 일할 때, 성인과의 대화할 수 있는 주제의 범위와 어휘들이 상당히 감소하는 것을 알게 되었다. 걸음마기 영아에게 사용하는 어조로 성인과 이야기하는 필자의 모습을 종종 발견하곤 하였다. 필자는 이 세계에 흥미를 갖게 되는 필자의 모습을 느낄 수 있었으나, 효

율적인 성인의 모습은 줄어들고 있었다. 이는 필자가 고학력 소유자임에
도 불구하고, 필자의 직업이 낮은 지위이고 비기술적인 '베이비시터'라는
대중의 인식을 민감하게 느끼면서 악화되었다.

8) 자본주의 노동 과정이 어떻게 타인의 복지를 배제하는지에 대해서는
Schwalbe(1986)를 참조하였다.

9) '충분히 성장한' 존재가 아닌 영유아들이 소외를 당하는지 여부에 대해서
의문이 제기되고 있다. 이 '성장'은 태어나면서부터 감정, 경험, 구성, 구성
된 존재 등에서 시작되는 평생의 과정을 통해 이루어진다는 것이 필자의
입장이다. "의식적인 존재로 성장하면서 영아는 타인을 위한 존재가 아닌
자신을 위한 그 누군가가 되기 위해서 자유라는 '프로젝트'를 추구한다."
(Vandenberg, 1971, Suransky, 1977, p. 262에서 인용) 영유아가 진정성
있는 자아를 구성하는 과정을 방해받는 한 영유아들은 소외를 경험한다.

10) Loseke는 가정 어린이집에서 보육교사들이 영유아에게 '두 번째 엄마'가
되려고 한다면서 이러한 언급을 하였다(Eheart & Leavitt, 1989 참조). 그
럼에도 불구하고 이 언급은 기관 중심 보육교사들에게 적용되고 있다.

11) 보살피는 직업의 '분리된 관심사'에 대해서는 Lief와 Fox(1963), 그리고
유아교육 프로그램에서 '최적의 분리'에 대해서는 Katz(1980)를 참조하
였다.

12) 이 논쟁은 이미 존재하고 있는 '본질적인 자아'의 개념에 반드시 의존하는
것은 아니다. 영유아의 자아는 이미 형성되고 있고, 이미 형성된 자아다.
"자아는 의식적으로 존재하는 것이라기보다는 타인과의 대인적인 관계의
경험에서 존재한다." (Sullivan, 1953; Denzin, 1989b, p. 31에서 인용)

13) '반성적 자아(reflected self)'에 대해서는 Berger와 Luckmann(1967)을
참조하였다. Cooley(1922)는 '자아 거울 보기(looking glass self)'라고
하였고, Mead(1934/1962)는 '타인의 태도 취하기(taking the attitude of
the other)'라고 하였다.

제5장 정서적으로 민감한 보육에 권력 부여하기

1) 이 내용은 이론적으로 경험적인 결과에 기초하나 철학적인 주장이다. 필

자의 의도는 이 제안이 '참'이라고 논쟁하는 것이 아니라, 어린이집의 맥락에서 어떤 의미를 갖는지를 탐구하려는 것이다.

2) 상호 주관적인 이해에 대해서는 Schutz(1967)를 참조하면 된다. 이는 타인의 입장에 자신을 놓고, 그 타인과 함께 체험된 경험을 확인하는 것이다. Shott(1989)에 따르면, 감정이입이란 타인이 어떻게 느끼는지 또는 타인의 상황이 무엇과 비슷한지를 상상하는 것이라고 하였다.

3) Gonzalez-Mena와 Eyer(1993, pp. 52)에서 발췌하였다.

4) 이 사례는 Reynolds(1990, p. 99)의 아동 중심 지침에 대한 기술을 수정한 것이다.

5) '타인의 태도를 어떻게 조망하는가'가 '자아'의 출현을 가능하게 한다는 것과 관련해서는 Mead(1934/1962)를 참조하였다.

6) 이는 우리의 이해가 문제없이 완벽하다고 말하는 것이 아니다. 아동 발달과 사회화에 대한 간학문적이고 다중이론적인 관점은 상당한 통찰력을 제공하고 있다. 그러나 동시에 행위에 대한 잠정적인 토대를 제공하고 있기도 하다. "절대적인 행위를 안내하는 완벽한 것은 없다."(Ryan, 1982, p. 81)라는 포스트모던적 주장은 쓸모없는 것이 아니라, 우리가 지속적으로 이해를 도출하는 행위를 하면서 후속 연구, 반성적 사고, 대화에 영감을 주는 역할을 할 수 있다.

7) 혼합연령 집단은 이미 대부분의 가정 어린이집에서 시행되고 있다(그렇다고 여기서 기술된 동일한 문제 중 일부 문제가 이런 가정 어린이집에서 벌어지고 있다고 말하는 것은 아니다. Eheart & Leavitt, 1989 참조). 장기적인 혼합연령 집단 편성은 민감하고 반응적인 보육을 위한 충분 조건이 아니라 촉진 조건이다. New York 소재의 Bank Street Family Center는 3세까지 학급 이동 없이 영아들과 걸음마기 유아들을 한 학급으로 편성하고 있다(Balaban, 1991 참조). 또한 이탈리아에서도 3세까지 영유아들은 동일한 학급에 편성, 유지된다(New, 1990).

8) 일부 남성 보육교사가 있다. 그러나 남성 보육교사들은 매우 극소수이며, 특히 영아 보육 분야에서는 더욱 그렇다. 미국아동보육종사자학회(National Child Care Staffing Study)에서 조사한 바(Whitebook, Howes, & Phillips, 1989)에 따르면, 보육교사의 97%가 여성이다.

9) Freire(1970)의 '의식화 교육'에 대한 토론(p. 19)과 아동 보육 프로그램에

서 교직원들의 문제 해결 모임에 대한 Reynolds(1990)의 토론(pp. 263-277)을 참조하였다. Reynolds는 보육교사들의 조망 수용 능력을 발달시킬 수 있는 하나의 방법으로 역할놀이를 제안하였다. 문제 해결 과정과 '반성적인 사고를 하는 현장실천가' 되기에 대해서는 Schon(1983)을 참조하였다.

10) 보살핌에 대한 틀은 공적인 의무의 문제로 다루는 정의(justice)의 틀 그리고 자아 보살핌뿐만 아니라 타인 보살핌의 문제로 다루고자 하는 보살핌(care)의 틀이 있는데, 이 두 개의 개념적 차이에 대해서는 Gilligan과 Wiggins(1988)를 참조하였다. 또한 페미니즘의 보살핌에 대한 도덕성 개념은 Gilligan(1988)을 참조하였다. 보살핌에 대한 페미니즘 윤리에서 두 개의 도덕성 지향(정의와 보살핌)이 차이가 있으며, 성(gender)에 기반을 두고 있는지 여부에 대해 필자는 어떤 입장도 채택하고 있지 않다.

제6장 영아 어린이집: 앞으로 나아갈 방향

1) 실제로 여기서 묘사된 것과 유사한 상호작용은 영아의 가정에서 늘 일어날 수도 있다. 필자의 의도는 가정에서 양육받는 아동과 종일제 시설에서 양육되는 아동을 비교하고자 함이 아니다. 또한 여기서 묘사된 것이 모든 보육 프로그램에서 일어난다고 설명하려는 의도도 아니다. 물론 그곳에서는 다른 것들도 있고, 때로는 더 행복한 이야기도 있다. 민감하고 반응적인 아동 보육과 관련된 프로그램의 통찰력을 제공하기 위해서 이런 이야기들 역시 문서화되어야 할 것이다.

2) Bowles와 Gintis(1976) 그리고 Giroux(1987) 등을 보면, 기술주의적이고 합리주의의 이데올로기와 학교교육 간의 관계에 대한 보다 심도 있는 설명을 참조할 수 있다.

3) Badinter(1980), Birns와 Hay(1988), Dally(1982)를 참조하였다.

4) Clarke-Stewart(1982)의 역사적 개괄 그리고 Steinfels(1973)와 Suransky(1977, 1982) 등을 참조하였다. 아동 보육 정책과 관련된 일관적이지 않고 파편적인 연방정부의 역할에 대한 역사는 Martinez(1989)를 참조하면 된다.

5) 이런 어구들은 상품으로서 아동을 보는 관점을 반영하고 있다. 이는 아동을 자신을 위한 존재 그리고 그들이 현재 체험하는 경험 그 자체로 보는

필자의 관점과는 거리가 있다. 아동에 대한 이런 도구적 관점에 대한 더 많은 설명은 Grubb과 Lazerson(1982, pp. 53-58)을 참조하면 된다.

6) Howes(1987)는 아동 발달과 유아교육 프로그램들이 취학 전 연령(preschool-age) 아동에게 초점을 두고 있어서, 영아와 걸음마기 유아를 위한 보육에 대한 관심은 뒤쳐져 있다고 언급하였다.

7) 예를 들어, 취학 전 아동을 위한 종일제 보육에 관한 Polakow(1992)의 연구는 주로 흑인, 저소득층 종일제 프로그램에 대한 현지 노트들을 포함하고 있다. Polakow에 따르면, '전문적인' 아동 보육 프로그램에서 많은 성인과 아동의 상호작용은 겉으로 보기에도 민감하고 반응적인 보육에 대한 예시들을 보여 주지 않는다고 설명하고 있다. 그러나 이런 상호작용의 의미는 상호작용의 진정성에 달려 있으며, 전문성이 부족하고, 전문용어와 기술과는 관계가 적다. 보육교사들이 아동과 진정성 있게 정서적으로 몰입할 때, 아동은 성인의 언어와 행동을 보호적이고 사랑으로 이해하는 것이다.

◄ 참고문헌

Ainslie, R. (Ed.). (1984). *The child and the day care setting: Qualitative variations and development*. New York: Praeger.

Ainsworth, M. D. S. (1964). Patterns of attachment behavior shown by the infant in interaction with his mother. *Merrill-Palmer Quarterly 10* : 51–58.

Ainsworth, M. D. S. (1970). Attachment, exploration, and separation illustrated by the behaviorof one-year-olds in a strange situation. *Child Development 41*: 49–67.

Ainsworth, M. D. S. (1973). The development of infant-mother attachment. In B. Cald-well & M. Ricciuti (Eds.), *Review of child development research, vol. 3: Child development and social policy* (pp. 1–94). Chicago: University of Chicago Press.

Ainsworth, M. D. S. (1979). Infant-mother attachment. *American Psychologist, 34* : 932–937.

Ainsworth, M. D.; Blehar, M.; Waters, E.; & Wall, S. (1978). *Patterns of attachment: Observations in the strange situation and at home*. HIllsdale, N. J.: Lawrence Erlbaum.

Anderson, C. W., Nagle, R. J., Roberts, W. A., & Smith, J. W. (1981). Attachment to substitute caregivers as a function of center quality and caregiver involvement. *Child Development 52* : 53-61.

Badinter, E. (1980). *Mother love: Myth and reality.* New York: Macmillan.

Balaban, N. (1991). Mainstreamed, mixed-age groups of infants and toddlers and the Bank Street Family Center. *Zero to Three 11*(3): 13-16.

Balbus, I. D. (1988). Disciplining women: Michael Foucault and the power of feminist discourse. In J. Arac (Ed.), *After Foucault: Humanistic knowledge, postmodern challenges* (pp. 138-160). New Brunswick: Rutgers University Press.

Barnes, H. (1956). Translator's introduction. In J. P. Sartre, *Being and nothingness* (pp. ix-lii), New York: Simon & Schuster.

Barritt, L., Beekman, T., Bleeker, H., & Mulderij, K. (1983). *A handbook for phenomenological research in education.* Ann Arbor: University of Michigan School of Education.

Barthes, R. (1972). *Mythologies* (A. Lavers, Trans.). New York: Hill & Wagn. (Original work published 1957.)

Barthes, R. (1979). From work to text. In J. V. Harari (Ed.), *Textual Strategies* (pp. 73-81). Ithica, NY: Cornell University Press.

Barthes, R. (1986). *The rustle of language* (R. Howard, Trans.). New York: Hill & Wang.

Baudrillard, J. (1981). *For a critique of the political economy of the sign.* St. Louis: Telos Press.

Baudrillard, J. (1983a). *Simulations* (P. Foss, P. Patton, & P. Beitchman, Trans.). New York: Semiotext(e).

Baudrillard, J. (1983b). Ecstacy of communication. In H. Foster (Ed.), *The antiaesthetic: Essays on postmodern culture* (pp. 126-134). Port Townsend, Wash.: Bay Press.

Becker, H. (1973). *Outsiders.* New York: The Free Press.

Beekman, T. (1983). Human science as dialogue with children. *Phenomonology and Pedagogy 1.*

Belsky, J. (1984). Two waves of day care research: Developmental effects and conditions of quality. In R. Ainslie (Ed.), *The child and the day care setting: Qualitative variations and development* (pp. 1–34). New York: Praeger.

Belsky, J. (1985). The science and politics of day care. In R. L. Shotland & M. M. Mark (Eds.), *Social science and social policy* (pp. 237–262). Beverly Hills, Calif.: Sage.

Belsky, J. (1986). Infant day care: A cause for concern? *Zero to Three 7* (1): 1–7.

Belsky, J. (1988). The effects of infant day care reconsidered. *Early Childhood Research Quarterly 3* : 235–272.

Belsky, J. (1989). Infant–parent attachment and day care: In defense of the strange situation. In J. S. Lande, S. Scarr, & N. Gunzenhauser (Eds.), *Caring for children: Challenge to America* (pp. 23–47). Hillsdale, N. J.: Lawrence Erlbaum.

Belsky, J., & Steinberg, L. (1978). The effects of day care: A critical review. *Child Development 49* : 929–949.

Belsky, J., Steinberg, L., & Walker, A. (1982). The ecology of day care. In M. Lamb (Ed.), *Nontraditional families: Parenting and child development* (pp. 71–116). New Jersey: Lawrence Erlbaum.

Benn, R. (1986). Factors promoting secure attachment relationships between employed mothers and their sons. *Child Development 57* : 1224–1231.

Benson, C. (no date). *Who cares for kids? A report on child care providers.* Washington, D.C.: National Commission on Working Women.

Berger, P., & Luckmann, T. (1967). *The social construction of reality.* New York: Anchor.

Bergmann, F. (1977). *On being free.* Notre Dame, Ind.: University of Indiana Press.

Berman, M. (1988). Why modernism still matters. *Tikkun 4* (1): 11–14, 81–88.

Bernstein, R. J. (1978). *The restructuring of social and political theory.* Philadelphia: University of Pennsylvania Press.

Birns, B., & Hay, D. F. (1988). Introduction. In B. Birns & D. Hay (Eds.),

The different faces of motherhood (pp. 1–9). New York: Plenum Press.

Bleicher, J. (1980). *Contemporary hermeneutics*. London: Routledge & Kegan Paul.

Block, M., & Block, J. (1980). Women and the dialectics of nature in eighteenth century French thought. In C. P. McCormack & M. Strathern (Eds.), *Nature, culture and gender* (pp. 25–41). Cambridge: Cambridge University Press.

Blumer, H. (1969). *Symbolic interactionism: Perspective and method*. Berkeley: University of California Press.

Bowlby, J. (1958). The nature of the child's tie to his mother. *International Journal of Psychoanalysis 39*: 350–373.

Bowlby, J. (1969). *Attachment and loss, vol. 1: Attachment*. New York: Basic.

Bowlby, J. (1973). *Attachment and loss, vol. 2: Separation*. New York: Basic.

Bowles, S., & Gintis, H. (1976). *Schooling in capitalist America: Educational reform and the contradiction of economic life*. New York: Basic.

Bowman, B. (1989). Self-reflection as an element of professionalism. *Teachers College Record 90* (3): 444–451.

Bredo, E., & Feinberg, W. (Eds.). (1982). *Knowledge and values in social and educational research*. Philadelphia: Temple University.

Bretherton, I., & Waters, E. (Eds.). (1985). Growing points of attachment theory and research. *Monographs of the Society for Research in Child Development 50* (1–2, serial no. 209).

Bronfenbrenner, U. (1979). Contexts of childrearing: Problems and prospects. *American Psychologist 34* (10): 844–850.

Bronfenbrenner, U., & Crouter, A. (1982). Work and family through time and space. In S. Kammerman & E. Hayes (Eds.), *Families that work: Children in a changing world* (pp. 39–83). Washington, D.C.: National Academy Press.

Burgess, E. (1966). Discussion. In C. Shaw, *The jack-roller*. Chicago:

University of Chicago Press.

Cahill, S. (1990, April). *Emotionality, morality, selves, and societies.* Comments prepared for the "Sociology of Emotions in Post-Modern America" session of the 1990 annual meetings of the Midwest Sociological Society, Chicago, Ill.

Cahill, S., & Loseke, D. (1990). *Disciplining the littlest ones: Popular day care discourse in post-war America.* Paper presented at the annual meetings of the Society for Symbolic Interactionism, Washington, D.C.

Calder, P. (1985). Children in nurseries. In C. New & M. David (Eds.), *For the children's sake: Making child care more than women's business* (pp. 243-270). New York: Penguin Books.

Caldwell, B., & Freyer, M. (1982). Day care and early education. In B. Spodek (Ed.), *Handbook of research in early childhood education* (pp. 21-43). New York: Free Press.

Cann, C. H. (1987). Women, organizations and power. In J. Sharistanian (Ed.), *Beyond the public/domestic dichotomy: Contemporary perspectives on women's public lives* (pp. 11-31). New York: Green-wood Press.

Caputo, J. (1987). *Radical hermeneutics: Repetition, deconstruction, and the hermeneutic project.* Bloomington: University of Indiana Press.

Castañeda, H. N. (1989). Philosophy as a science and as a world view. In A. Cohen & M. Dascal (Eds.), *The institution of philosophy: A discipline in crisis?* Lasalle, Ill.: Open Court.

Chase-Lansdale, P. L., & Owen, M. T. (1987). Maternal employment in a family context: Effects on infant-mother and infant-father attachments. *Child Development 58*: 1505-1512.

Chess, S. (1987). Comments: Infant day care: A cause for concern? *Zero to Three 7*(3): 24-25.

Child Care Action Campaign. (1988). Child care: The bottom line. *Child Car ActioNews 5*(5): 1.

Cirillo, V.; Kaplan, B.; Wapner, S. (Eds.). (1989). *Emotions in ideal human development.* Hillsdale, N. J.: Lawrence Erlbaum.

Clarke-Stewart, A. (1977). *Child care in the family: A review of research and some propositions for policy.* New York: Academic Press.

Clarke–Stewart, A. (1982). *Day care.* Cambridge, Mass.: Harvard University Press.

Clarke–Stewart, A. (1984). Day care: A new context for research and development. In M. Perlmutter (Ed.), *Parent–child interaction and parent-child relations in child development* (pp. 61–100). Hillsdale, N. J.: Lawrence Erlbaum.

Clarke–Stewart, A. (1987). In search of consistencies in child care research. In D. Phillips (Ed.), *Quality in child care: What does the research tell us?* (pp. 105–119). Washington, D.C.: National Association for the Education of Young Children.

Clarke–Stewart, A. (1988). The "effects" of infant day care reconsidered *Early Childhood Research Quarterly 3* (3): 293–318.

Clarke–Stewart, A., & Fein, G. (1983). Early childhood programs. In M. Haith & J. Campos (Eds.), *Handbook of child psychology, vol. 2 : Infancy and developmental psychology* (pp. 917–999). New York: Wiley.

Clarke–Stewart, A., & Gruber, C. (1984). Day care forms and features. In R. Ainslie (Ed.), *The child and the day care setting* (pp. 35–62). New York: Praeger.

Clifford, J. (1986). Introduction: Partial truths. In J. Clifford & G. Marcus (Eds.), *Writing culture: The poetics and politics of ethnography* (pp. 1–26). Berkeley: University of California Press.

Colapietro, V. (1990). The vanishing subject of contemporary discourse: A pragmatic response. *The Journal of Philosophy 90* : 644–55.

Coles, R. (1967). *Children of crisis, vol. 2: Migransts, sharecroppers, mountaineers.* Boston: Little, Brown.

Comstock, D. (1982). A method for critical research. In E. Bredo & W. Feinberg (Eds.), *Knowledge and values in social and educational research* (pp. 370–390). Philadelphia: Temple University.

Cook, J., & Fonow, M. (1986). Knowledge and women's interests: Issues of epistemology and methodology in feminist sociological research. *Sociological Inquiry 56* (1): 2–29.

Cooley, C. H. (1922). *Human nature and the social order.* New York: Scribner.

Cook, J., & Fonow, M. (1937). *Social organization.* New York: Scribner. (Original work published 1909.)

Dally, A. (1982). *Inventing motherhood: The consequences of an ideal.* London: Burnett Books.

De Lauretis, T. (Ed.). (1986). *Feminist studies/critical studies.* Bloomington, Ind: Indiana University Press.

Denzin, N. K. (1973a). The politics of childhood. In N. K. Denzin (Ed.), *Children and their caretakers* (pp. 1–25). New Brunswick, N. J.: E. P. Dutton.

Denzin, N. K. (1973b). The work of little children. In N. K. Denzin (Ed.), *Children and their caretakers* (pp. 117–126). New Brunswick, N. J.: E. P. Dutton.

Denzin, N. K. (1977). *Childhood socialization.* San Francisco: Jossey-Bass.

Denzin, N. K. (1982). Contributions of anthropology and sociology to qualitative research methods. In E. Kuhns & S. V. Martorana (Eds.), *New directions for institutional research: Qualitative methods for institutional research, no. 34* (pp. 17–26). San Francisco: Jossey Bass.

Denzin, N. K. (1984). *On understanding emotion.* San Francisco: Jossey-Bass.

Denzin, N. K. (1985). Emotion as lived experience. *Symbolic Interaction 8* (2): 223–240.

Denzin, N. K. (1986a). Postmodern social theory. *Sociological Theory 4* : 194–204.

Denzin, N. K. (1986b). On a semiotic approach to mass culture. *American Journal of Sociology 92* : 678–683.

Denzin, N. K. (1987a). On semiotics and symbolic interactionism. *Symbolic Interactionism 10* (1): 1–19.

Denzin, N. K. (1987b, March/April). Postmodern children. *Society: 32–35.*

Denzin, N. K. (1989a). *Interpretive interactionism.* Newbury Park, Calif.: Sage.

Denzin, N. K. (1989b). *Interpretive biography*. Newbury Park, Calif.: Sage.

Denzin, N. K. (1989c). *The research act: A theoretical introduction to sociological methods*. Englewood Cliffs, N. J.: Prentice Hall.

Denzin, N. K. (1990). Harold and Agnes: A feminist narrative undoing. *Sociological Theory 8*: 198-216.

Derrida, J. (1976). *Of grammatology* (G. C. Spivak, Trans.). Baltimore: Johns Hopkins.

Derrida, J. (1978). *Writing and difference* (A. Bass, Trans.). Chicago: Routledge & Kegan Paul. (Original work published 1967.)

Derrida, J. (1981). *Positions*. Chicago: University of Chicago Press.

Dewey, J. (1938). *Experience and education*. New York: Macmillan.

Dewey, J. (1956). *The school and society*. Chicago: University of Chicago Press. (original work published 1900.)

Dewey, J. (1958). *Experience and nature*. New York: Dover. (Original work published 1929.)

Dewey, J. (1960). *Quest for certainty: A study in the relation of knowledge and action*. New York: Capricorn Books. (Original work published 1929.)

Dewey, J. (1963). *Philosophy and civilization*. New York: Capricorn Books. (Original work published 1931.)

Diamond, I., & Quinby, L. (1988). *Feminism and Foucault: Reflections on resistance*. Boston: Northeastern University Press.

Diller, A. (1988). The ethics of care and education: A new paradigm, its critics, and its educational significance. *Curriculum Inquiry 18* (3): 325-341.

Eheart, B. K. (in press). Toddler programs. In T. Husen & T. N. Postlewaite (Eds.), *International encyclopedia of education research and studies* (2d edition). Oxford, England: Pergamon.

Eheart, B. K., & Leavitt, R. L. (1989). Family day care: Discrepancies between intended and observed caregiving practices. *Early Childhood Research Quarterly, 4* (1): 145-162.

Ehrenreich, B., & English, D. (1978). *For her own good: 150 years of the experts' advice to women*. Garden City: Anchor Press/Doubleday.

Elshtain, J. B. (1981). *Public man, private woman: Women in social and political thought*. New Jersey: Princeton University.

Farganis, S. (1986). Social theory and feminist theory: The need for dialogue. *Sociological Inquiry 56*: 50–68.

Featherstone, M. (1988). In pursuit of the postmodern: An introduction. *Theory, Culture and Society 5*: 195–215.

Fein, G., & Fox, N. (Eds.). (1988). Infant day care. *Special Issue: Early Childhood Research Quarterly 3* (3) and (4).

Flax, J. (1987). Postmodernism and gender relations in feminist theory. *Signs: Journal of Women in Culture and Society 12* (4): 621–643.

Fogel, A. (1980). The role of emotion in early childhood education. In L. Katz (Ed.), *Current topics in early childhood education, vol. 3* (pp. 1–14). Norwood, N. J.: Ablex.

Foster, H. (1983). Postmodernism: A preface. In H. Foster (Ed.), *The anti-aesthetic: Essays on postmodern culture* (pp. ix–xvi). Port Townsend, Wash.: Bay Press.

Foucault, M. (1979a). *Discipline and punish: The birth of the prison* (A. Sheridan, Trans.). New York: Vintage. (Original work published 1975.)

Foucault, M. (1979b). What is an author? In J. V. Harari (Ed.), *Textual Strategies* (pp. 141–160). Ithaca, N.Y.: Cornell University Press.

Foucault, M. (1980). *Power/knowledge: Selected interviews and other writings 1972–1977*. New York: Pantheon.

Foucault, M. (1984). *The Foucault reader*. P. Rabinow (Ed.). New York: Pantheon Books.

Foucault, M. (1988). The ethic of care for the self as a practice of freedom. (1984 interview). In J. Bernauer & D. Rasmussen (Eds.), *The final Foucault* (pp. 1–20). Cambridge, Mass: MIT Press.

Fox, N., & Fein, G. (1988). Infant day care: A special issue. *Early Childhood Research Quarterly 3* (3): 227–234.

Franks, D. D., & McCarthy, E. D. (Eds.). (1989). *The Sociology of emotions: Original essays*. Greenwich, Conn: JAI.

Fraser, N. (1989). *Unruly practices: Power, discourse and gender in contemporary social theory*. Minneapolis: University of Minnesota

Press.

Fraser, N., & Nicholson, L. (1988). Social criticism without philosophy: An encounter between feminism and postmodernism. *Theory, Culture, and Society 5* : 373-394.

Freire, P. (1970). *Pedagogy of the oppressed* (M. B. Ramos, Trans.). New York: Seabury.

Freire, P. (1985). *The politics of education: Culture, power and liberation.* South Hadley, Mass.: Bergin & Garvey.

Friedman, S. (1990). NICHD infant child-care network: The national study of young children' s lives. *Zero to Three 10* (3): 21-23.

Frye, D. (1982). The problem of infant day care. In E. Zigler & E. Gordon (Eds.), *Day care: Scientific and social policy issues* (pp. 223-251). Boston: Auburn House.

Gabarino, J., Stott, F., & the Faculty of the Erikson Institute. (1989). *What children can tell us: Eliciting, interpreting, and evaluating information from children.* San Francisco: Jossey Bass.

Gadamer, H. G. (1975). *Truth and method.* New York: Seabury. (Original work published 1960.)

Gadamer, H. G. (1976). *Philosophical hermeneutics.* Berkeley: University of California.

Galinsky, E., & Phillips, D. (1988, November). The day are debate. *Parents Magazine:* 113-115.

Galluzzo, D., Matheson, C., Moore, J., & Howes, C. (1988). Social orientation to peers in infant child care. *Early Childhood Research Quarterly 3* (4): 403-416.

Gamble, T., & Zigler, E. (1986). Effects of infant day care: Another look at the evidence. *American Journal of Orthopsychiatry 56* (1): 26-42.

Gatens, M. (1986). Feminism, philosophy and riddles without answers. In C. Pateman & E. Gross (Eds.), *Feminist challenges: Social and political theory* (pp. 13-29). Boston: Notheastern University Press.

Geertz, C. (1973). *The interpretation of cultures: Collected essays.* New York: Basic.

Genishi, C. (1982). Observational research methods for early childhood education. In B. Spodek (Ed.), *Handbook of research in early childhood education* (pp. 564–594). New York: The Free Press.

Gilligan, C. (1982). *In a different voice: Psychological theory and women's development.* Cambridge: Harvard University Press.

Gilligan, C. (1988). Remapping the moral domain: New images of self in relationship. In C. Gilligan, J. Ward, J. Taylor, & B. Bardige (Eds.), *Mapping the moral domain* (pp. 3–19). Cambridge, Mass.: Harvard University Press.

Gilligan, C., & Wiggins, G. (1988). The origins of morality inearly childhood relationships. In C. Gilligan, J. Ward, J. Taylor, & B. Bardige (Eds.), *Mapping the moral domain* (pp. 111–138). Cambridge, Mass.: Harvard University Press.

Gintis, H. (1972). Alienation and power. *The Review of Radical Political Economics 4* (5): 1–34.

Giroux, H. (1981). *Ideology, culture, and the process of schooling.* Philadelphia: Temple University.

Giroux, H. (1987). Citizenship, public philosophy, and the struggle for democracy. *Educational Theory 37* (2): 103–120.

Giroux, H. (1991a). Modernism, postmodernism, and feminism: Rethinking the boundaries of educational discourse. In H. Giroux (Ed.), *Postmodernism, feminism and cultural politics* (pp. 1–59). Albany, N.Y.: State University of New York Press.

Giroux, H. (1991b). Postmodernism as border pedagogy: Redefining the boundaries of race and ethnicity. In H. Giroux (Ed.), *Postmodernism, feminism and cultural politics* (pp. 217–256). Albany, N.Y.: State University of New York Press.

Glickman, B., & Springer, N. (1978). *Who cares for the baby? Choices in child care.* New York: Schocken.

Goffman, E. (1959). *The presentation of self in everyday life.* New York: Doubleday.

Goffman, E. (1961). *Asylums: Essays in the social situation of mental patients and other inmates.* Garden City, N.Y.: Anchor Books/ Doubleday.

Goffman, E. (1967). *Interaction ritual: Essays on face-to-face behavior.* New York: Pantheon Books/Random House.

Gonzalez-Mena, J., & Eyer, D. W. (1993). *Infants, toddlers, and their caregivers.* Mountain View, Calif.: Mayfiled.

Gordon, S. L. (1981). The sociology of sentiments and emotions. In M. Rosenberg & R. H. Turner (Eds.), *Social psychology: Sociological perspectives* (pp. 562–592). New York: Basic.

Gordon, S. L. (1985). Micro-sociological theories of emotion. In H. J. Helle & S. N. Eisenstadt (Eds.), *Micro-sociological theory: Perspectives on sociological theory, vol. 2* (pp. 133–147). Beverly Hills, Calif.: Sage.

Gordon, S. L. (1989a). The socialization of children's emotions: Emotional culture, competence, and exposure. In C. Saarni & P. L. Harris (Eds.), *Children's understandings of emotions* (pp. 319–349). Cambridge, Mass.: Cambridge University Press.

Gordon, S. L. (1989b). Institutional and impulsive orientations in selectively appropriating emotions to self. In D. D. Franks & E. D. McCarthy (Eds.), *The sociology of emotions: Original essays* (pp. 115–135). Greenwich, Conn.: JAI.

Graham, H. (1983). Caring: A labour of love. In J. Finch & D. Groves (Eds.), *A labour of love: Women, work and caring* (pp. 13–30). Boston, Mass.: Routledge & Kegan Paul.

Grimshaw, J. (1986). *Philosophy and feminist thinking.* Minneapolis: University of Minnesota Press.

Grubb, W. N., & Lazerson, M. (1982). *Broken promises: How Americans fail their children.* New York: Basic.

Guba, E., & Lincoln, Y. (1982). Epistemological and methodological bases of naturalistic inquiry. *Educational Communication and Technology Journal 30* (4): 233–52.

Guttentag, R. (1987). From another perspective. *Zero to Three 8* (2): 21.

Habermas, J. (1971). *Knowledge and human interests* (J. J. Shapiro, Trans.). Boston: Beacon Press. (Original work published in 1968.)

Hall, S. (1980). Cultural studies and the centre: Some problematics and problems. In S. Hall (Ed.), *Culture, media, language: Working papers in cultural studies, 1972-1979.* Hutchinson, Canada: The Centre for Contemporary Cultural Studies, University of Birmingham.

Harding, S. (Ed.). (1987). *Feminism and methodology.* Bloomington, Ind.: Indiana University.

Harkness, S., & Super, C. (1983). The cultural construction of child development: A framework for the socialization of affect. *Ethos 11* (4): 221-31.

Harre, R. (Ed.). (1986). *The social construction of emotions.* Oxford: Basil Blackwell.

Hartley, R., & Goldenson, R. M. (1963). *The complete book of children's play.* New York: Crowell Co.

Harvey, D. (1989). *The condition of postmodernity: An inquiry into the origins of cultural change.* Cambridge, Mass.: Basil Blackwell.

Hatch, J. A. (1993). Ethical conflicts in a study of peer stigmatization in kindergarten. Paper presented at the annual meeting of the American Educational Research Association, Atlanta.

Heidegger, M. (1962). *Being and time.* New York: Harper & Row. (Original work published in 1927.)

Heidegger, M. (1982). *The basic problems of phenomenology.* Bloomington: Indiana University.

Hein, H. (1987, November). The feminist challenge to science. *American Philosophical Association Newsletter on Feminism and Philosophy.*

Hill, T. E. (1987). The importance of autonomy. In E. Kittay & D. Meyers (Eds.), *Women and moral theory* (pp. 129-138). Totowa, N. J.: Rowman & Littlefield.

Hirsh, A. (1982). *The French new left.* Montreal: Black.

Hochschild, A. R. (1979). Emotion work, feeling rules, and social structure. *American Journal of Sociology* 85: 551-575.

Hochschild, A. R. (1983). *The managed heart: The commercialization of human feeling.* Berkeley: University of California.

Hofferth, S., & Phillips, D. A. (1987). Child care in the United States 1970-1995. *Journal of Marriage and Family* 49: 559-571.

Hoffman, L. (1984). Maternal employment and the young child. In M. Perlmutter (Ed.), *Parent-child interaction and parent-child relations in child development* (pp. 101–127). Hillsdale, N. J.: Lawrence Erlbaum Associates.

Howard, G. S. (1983). Toward methodological pluralism. *Journal of Counseling Psychology 30* (1): 19–21.

Howes, C. (1987). Quality indicators in infant and toddler child care: The Los Angeles study. In D. Phillips (Ed.), *Quality in child care: What does the research tell us?* (pp. 81–88). Washington, D.C.: National Association for the Education of Young Children.

Howes, C. (1989). Research in review: Infant child care. *Young Children 44* (6): 24–28.

Hoy, D. C. (1988). Foucault: Modern or postmodern? In J. Arac (Ed.), *After Foucault: Humanistic knowledge, postmodern challenges* (pp. 12–41). New Brunswick: Rutgers University.

Husserl, E. (1962). *Ideas: General introduction to a pure phenomenology.* New York: Collier. (Original work published in 1913.)

Husserl, E. (1970). *The idea of phenomenology.* The Hague: Martinus Nijhoff.

Huyssen, A. (1984). Mapping the postmodern. *New German Critique 33* : 5–51.

James, W. (1981). *Pragmatism.* Indianapolis: Hackett Publishing. (Original work published in 1907.)

Jameson, F. (1984). The politics of theory: Ideological positions in the postmodernism debate. *New German Critique 33* : 53–65.

Jay, M. (1973). *The dialectical imagination: A history of the Frankfurt School and the Institute of Social Research, 1923 ~ 1950.* Boston: Little, Brown.

Jersild, A. (1955). *When teachers face themselves.* New York: Teachers College, Columbia University.

Johnson, E. (1990). The value of noise and confusion. *Education Week 9* : (33).

Jones, K. B. (1988). On authority: Or, why women are not entitled to speak. In I. Diamond & L. Quinby (Eds.), *Feminism and Foucault: Reflections on resistance* (pp. 119–123). Boston: Northeastern University Press.

Jones, L. (1985). Father–infant relations in the first year of life. In M. Hanson & F. Bozett (Eds.), *Dimensions of fatherhood* (pp. 93–114). Beverly Hills, Calif.: Sage.

Kagan, J. (1979). Family experience and the child's development. *American Psychologist 34*: 886–891.

Kagan, J. (1981). *The second year.* Cambridge, Mass.: Harvard University Press.

Kagan, J. (1984). *The nature of the child.* New York: Basic.

Kagan, J. (1987). Perspectives on infancy. In J. Osofsky (Ed.), *Handbook of infant development* (2nd ed.) (pp. 1150–1198). New York: John Wiley & Sons, Inc.

Kaban, J., Kearsley, R., & Zelazo, P. (1980). *Infancy: Its place in human development.* Cambridge: Harvard University Press.

Kanter, R. M. (1975). Women and the structure of organizations: Explorations in theory and behavior. In M. Millman & R. M. Kanter (Eds.), *Another voice: Femeinist perspectives on social life and social science* (pp. 34–74). New York: Anchor Books.

Karen, R. (1990). Becoming attached. *The Atlantic Monthly 265* (2): 35–70.

Katz, L. (1980). Mothering and teaching? Some significant distinctions. In L. Katz (Ed.), *Current topics in early childhood education, vol. 3* (pp. 47–63). Norwood, N. J.: Ablex.

Kellner, D. (1991). Reading images critically: Toward a postmodern pedagogy. In H. Grioux (Ed.), *Postmodernism, feminism, and cultural politics* (pp. 60–82). Albany, N.Y.: State University of New York Press.

Keohane, N., Rosaldo, M., & Gelpi, B. (Eds.) (1981). *Feminist theory: A critique of ideology.* Chicago: University of Chicago.

Kilmer, S. (1979). Infant–toddler group day care: A review of research. In L. Katz (Ed.), *Current topics in early childhood education, vol. 2* (pp. 69–115). Norwood, N. J.: Ablex.

Klein, J. T. (1989). Teaching and mother love. *Educational Theory 39* (4): 373-383.

Kohlberg, L., & Mayer, R. (1972). Development as the aim of education. *Harvard Educational Review 42* (4): 449-496.

Kontos, S., & Stremmel, A. (1988). Caregivers' perceptions of working conditions in a child care environment. *Early Childhood Research Quarterly 3* (1): 77-90.

Kuykendall, E. (1983). Toward an ethic of nurturance: Luce Irigaray on mothering and power. In J. Trebilcot (Ed.), *Mothering: Essays in feminist theory* (pp. 263-74). Totowa, N. J.: Rowman & Allenheld.

Lamb, M. (Ed.) (1976). *The role of the father in child development.* New York: Wiley.

Lamb, M. (1982). Maternal employment and child development: A review. In M. Lamb (Ed.), *Nontraditional families: Parenting and child development* (pp. 45-69). Hillsdale, N. J.: Lawrence Erlbaum.

Lahter, P. (1986). Research as praxis. *Harvard Educational Review 56* (3): 257-277.

Lahter, P. (1991). Deconstructing/deconstructive inquiry: The politics of knowing and being known. *Educational Theory 41* (2): 143-173.

Leach, M., & Page, R. (1987, May/June). Why home economics should be morally biased. *Illinois Teacher:* 169-174.

Leavitt, R. L. (1993a). Studying children in day care: Personal reflections and dilemmas. Paper presented at the annual meeting of the American Educational Research Association, Atlanta.

Leavitt, R. L. (1993b). Conversations with caregivers: An inquiry into the work of caregiving. Unpublished research proposal.

Leavitt, R. L., & Eheart, B. K. (1985). *Toddler day care: A guide to responsive caregiving.* Lexington, Mass.: D.C. Heath.

Leavitt, R. L., & Power, M. B. (1989). Emotional socialization in the postmodern era: Children in day care. *Social Psychology Quarterly 52* (1): 35-43.

Lewin, M. (Ed.). (1984). *In the shadow of the past: Psychology portrays the sexes.* New York: Columbia University.

Lewis, M. (1987). Social development in infancy and early childhood. In J. Osofsky (Ed.), *Handbook of infant development* (2nd ed.) (pp. 419-493). New York: John Wiley & Sons, Inc.

Lewis, M., & Saarni, C. (Eds.). (1985). *The socialization of emotions*. New York: Plenum Press.

Lieberman, A. (1991). Attachment and exploration: The toddler's dielmma. *Zero to Three* 11 (3): 6-11.

Lief, H. I., & Fox, R. C. (1963). Training for "detached concern" in medical students. In H. I. Lief, V. F. Lief, & N. R. Lief (Eds.), *The psychological basis of medical practice* (pp. 12-35). New York: Harper & Row.

Liljestrom, R. (1983). The public child, the commercial child, and our child. In F. S. Kessel & A. W. Siegel (Eds.), *The child and other cultural inventions* (pp. 124-152). New York: Praeger.

Loseke, D. (1989). If only my mother lived down the street. In J. M. Henslin (Ed.), *Marriage and family in a changing society* (pp. 317-328). New York: Free Press.

Loseke, D. R., & Cahill, S. E. (no date). Trust and suspicion in daycare transactions. (Unpublished manuscript.)

Love, B., & Shanklin, E. (1983). The answer is matriarchy. In J. Trebilcot (Ed.), *Mothering: Essays in feminist theory* (pp. 275-283). New Jersey: Rowman & Allanhel.

Lyotard, J. (1984). *The postmodern condition: A report on knowledge* (G. Bennington & B. Massumi, Trans.). Minneapolis: University of Minnesota. (Original work published 1979.)

Madison, G. B. (1990). *The hermeneutics of postmodernity*. Bloomington, Ind.: Indiana University.

Manen, M. V. (1984). Practicing phenomenological writing. *Phenomenology and Pedagogy* 2 (1): 36-69.

Manen, M. V. (1990). *Researching lived experience: Human science for an action sensitive pedagogy*. London; Ontario, Canada: The University of Western Ontario.

Martin, J. R. (1988). Science in a different style. *American Philosophical Quarterly* 25 (2): 129-140.

Martinez, S. (1989). Child care and federal policy. In J. Lande, S. Scarr, & N. Gunzehhauser (Eds.), *Caring for children: Challenge to America* (pp. 111–28). Hillsdale, N. J.: Lawrence Erlbaum.

Marx, K. (1983). Alienated labor. In E. Kamenka (Ed.), *The portable Karl Marx* (pp. 131–146). New York: Viking Penguin. (Original work published in 1844.)

Maslach, C., & Pines, A. (1977). The burnout syndrome in the day care setting. *Child Care Quarterly 6* (2): 100–113.

McCartney, K., & Phillips, D. (1988). Motherhood and child care. In B. Birns & D. Hay (Eds.), *The different faces of motherhood* (pp. 157–183). New York: Plenum Press.

McLaren, P. (1986). Postmodernity and the death of politics: A Brazilian reprieve. *Educational Theory 36* (4): 389–401.

McLaren, P. (1989). *Life in schools: An introduction to critical pedagogy in the foundations of education.* New York: Longman.

McLaren, P. (1991). Schooling the postmodern body: critical pedagogy and the politics of enfleshment. In H. Groux (Ed.), *Postmodernism, feminism, and cultural politics* (pp. 60–82). Albany, N.Y.: State University of New York Press.

Mead, G. H. (1907). The educational situation in the Chicago Public Schools. *The City Club Bulletin 1.*

Mead, G. H. (1962). *Mind, self and society.* Chicago: University of Chicago. (Original work published 1934.)

Merleau-Ponty, M. (1962). *The phenomenology of perception.* London: Routledge & Kegan Paul.

Merleau-Ponty, M. (1964). *The primacy of perception* (J. M. Edie, Trans.). Evanston: Northwestern University.

Meyers, D. (1987). The socialized individual and individual autonomy. In E. Kittay & D. Meyers (Eds.), *Women and moral theory* (pp. 139–153). Totowa, N. J.: Rowman & Littlefield.

Mills, C. W. (1959). *The sociological imagination.* New York: Oxford University.

Miringhoff, N. (1987). A timely and controversial article. *Zero to Three 7*

(3): 26.

Misgeld, D., & Jardine, D. (1989). Hermeneutics as the undisciplined child: Hermeneutic and technical images of education. In M. Packer & R. Addison (Eds.), *Entering the circle: Hermeneutic investigation in psychology* (pp. 259–73). Albany: State University of New York Press.

Modigliani, K. (1986). But who will take care of the children? Child care, women, and devalued labor. *Journal of Education 168* (3): 46–69.

Morris, M. (1988). Introduction: Feminism, reading, postmodernism. In M. Morris (Ed.), *The pirates fiancee: Feminism, reading, postmodernism* (pp. 1–23). London: Verso.

Morrison, H. (1988). *The seven gifts: A new view of teaching inspired by the philosophy of Maurice Merleau-Ponty.* Chicago: Educational Studies Press.

Neugebauer, R. (1989). Surveying the landscape: A look at child care '89. *Child Care Information Exchange 66* : 13–16.

New, C., & David, M. (1985). Introduction. In C. New & M. David (Eds.), *For the children's sake: Making child care more than women's business* (pp. 13–24). New York: Penguin Books.

New, R. (1990). Excellent early education: A city in Italy has it. *Young Children 45* (6): 4–10.

Nicholson, C. (1989). Postmodernism, feminism, and education: The need for solidarity. *Educational Theory 39* (3): 197–205.

Noddings, N. (1984). *Caring: A feminine approach to ethics and moral education.* Berkeley: University of California.

Noddings, N. (1992). *The challenge to care in schools.* New York: Teachers College Press.

Oakley, A. (1986). Feminism, motherhood, and medicine? who cares? In J. Mitchell & A. Oakley (Eds.), *What is feminism?* (pp. 127–150). Oxford: Basil Blackwell.

Owens, C. (1983). The discourse of others: Feminists and postmodernism. In H. Foster (Ed.), *The anti-aesthetic: Essays on postmodernist culture* (pp. 57–82). Port Townsend, Wash: Bay Press.

Packer, M. (1985). Hermeneutic inquiry in the study of human conduct. *American Psychologist 40* (10): 1081–193.

Packer, M. (1987). *Interpretive research and social development in developmental psychology.* Paper presented at the Biennial Meeting of the Society for Research in Child Development, Baltimore, Md.

Packer, M., & Addison, R. (1989a). Introduction. In M. Packer & R. Addison (Eds.), *Entering the circle: Hermeneutic investigation in psychology* (pp. 13–36). Albany: State University of New York Press.

Packer, M., & Addison, R. (1989b). Evaluating an interpretive account. In M. Packer & R. Addison (Eds.), *Entering the circle: Hermeneutic investigation in psychology* (pp. 275–292). Albany: State University of New York Press.

Packer, M., & Mergendollar, J. (1989). The development of practical social understanding in elementary school–age children. In L. T. Winegar (Ed.), *Social interaction and the development of children's understanding* (pp. 67–94). Norwood, N. J.: Ablex.

Parke, R. (1979). Emerging themes for social–emotional development. *American Psychologist 34* (10): 930–931.

Pateman, C., & Gross, E. (1986). *Feminist challenges: Social and political theory.* Boston: Northeastern University.

Pawl, J. (1990a). Infants in day care: Reflections on experiences, expectations and relationships. *Zero to Three 10* (3): 1–6.

Pawl, J. (1990b). Attending to the emotional well being of children, families and caregivers: Contributions of infant mental health specialists to child care. *Zero to Three 10* (3): 7.

Phillips, D. (1987a, November). Infants and child care: The new controversy. *Child Care Information Exchange* 19–22.

Phillips, D. (1987b). Epilogue. In D. Phillips (Ed.), *Quality in child care: What does the research tell us?* (pp. 121–26). Washington, D.C.: National Association for the Education of Young Children.

Phillips, D. A., McCartney, D., Scarr, S., & Howes, S. (1987). Selective review of infant day care: A cause for concern. *Zero to Three 7* (3): 18–21.

Philp, M. (1985). Michel Foucault. In Q. Skinner (Ed.), *The return of grand theory in the human sciences* (pp. 65–81). Cambridge: Cambridge University Press.

Piers, M. (1989). Foreword. In J. Gabarino, F. Stott, and the Faculty of The Erikson Institute (Eds.), *What children can tell us: Eliciting, interpreting, and evaluating information from children* (pp. xi–xiv). San Francisco: Jossey-Bass.

Polakow, V. (1992). *The erosion of childhood.* Chicago: University of Chicago Press.

Polkinghorne, D. (1983). *Methodology for the human sciences.* Albany: State University of New York Press.

Porter, C., & Potenza, A. (1983). Alternative methodologies for early childhood research. In S. Kilmer (Ed.), *Advances in early education and day care, vol. 3* (pp. 155–186). Greenwich, Conn.: JAI.

Power, M. B. (1985a). The child's emotionality: A naturalistic investigation. Unpublished doctoral dissertation, Urbana: University of Illinois.

Power, M. B. (1985b). The ritualization of emotional conduct in early childhood. In N. K. Denzin (Ed.), *Studies in symbolic interaction, vol. 6* (pp. 213–227). Greenwich, Conn.: JAI.

Power, M. B. (1986). Socializing of emotionality in early childhood: The influences of emotional essociates. In P. Adler & P. Adler (Eds.), *Sociological studies of child development, vol. 1* (pp. 259–282). Greenwich, Conn.: JAI.

Power, M. B. (1987). *Interpretive interactionism and early childhood socialization.* Paper presented at the Stone SSSI Symposium, Urbana, Ill.

Rabinow, P., & Sullivan, W. (Eds.). (1979). *Interpretive social science: A reader.* Berkeley: University of California Press.

Reynolds, E. (1990). *Guiding young children: A child centered approach.* Mountain View, Calif.: Mayfield.

Rhodes, S. L. (1979). Trends in child development research important to day care policy. *Social Service Review 53*: 284–294.

Rose, H. (1986). Women's work: Women's knowledge. In J. Mitchell & A. Oakley (Eds.), *What is feminism?* (pp. 151-83). Oxford: Basil Blackwell.

Roth, P. (1987). *Meaning and method in the social sciences: A case for methodological pluralism.* Ithaca, N.Y.: Cornell University Press.

Rousseau, J. (1979). *Emile* (A. Bloom, Trans.). New York: Basic Books. (Original work published 1762.)

Rubenstein, J. (1985). The effects of maternal employment on young children. *Applied Developmental Psychology 2* : 99-128.

Rubenstein, J., & Howes, C. (1983). Social-emotional development of toddlers in day care: The role of peers and of individual differences. In S. Kilmer (Ed.), *Advances in early education and day care, vol. 3* (pp. 13-45). Greenwich, Conn.: JAI.

Ruddick, S. (1983). Maternal thinking. In J. Trebilcot (Ed.), *Mothering: Essays in feminist theory* (pp. 213-230). Totowa, N. J.: Rowman & Allenheld.

Ruddick, S. (1987). Remarks on the sexual politics of reason. In E. Kittay & D. Meyers (Eds.), *Women and moral theory* (pp. 237-260). Totowa, N. J.: Rowman & Littlefield.

Ruddick, S. (1989). *Maternal thinking: Toward a politics of peace.* Boston: Beacon Press.

Rutter, M. (1981). *Maternal deprivation reassessed.* New York: Penguin.

Ryan, M. (1982). *Marxism and deconstruction: A critical articulation.* Baltimore: Johns Hopkins University.

Saarni, C. (1989). Children's understanding and strategic control of emotional expression in social transactions. In C. Saarni & P. L. Harris (Eds.), *Children's understanding of emotion* (pp. 181-208). Cambridge: Cambridge University Press.

Saarni, C., & Harris, P. (Eds.). (1989). *Children's understandings of emotions.* Cambridge, Mass.: Cambridge University Press.

Sartre, J. P. (1956). *Being and nothingness.* (H. E. Barnes, Trans.). New York: Simon & Schuster. (Original work published 1943.)

Sartre, J. P. (1962). *Sketch for a theory of the emotions* (P. Mariet, Trans.).

London: Methuen. (Original work published 1939.)

Sartre, J. P. (1963). *Search for a method* (H. E. Barnes, Trans.). New York: Knopf. (Original work published 1960.)

Sartre, J. P. (1976). *Critique of dialectical reason* (A. Sheridan-Smith, Trans.). London: NLP. (Original work published 1960.)

Sartre, J. P. (1981). The family idiot: Gustave Flaubert, 1821-1857 (C. Cosman, Trans.). Chicago: University of Chicago Press. (Original work published 1971.)

Sawicki, J. (1988). Feminism and the power of Foucaldian [*sic*] discourse. In J. Arac (Ed.), *After Foucault: humanistic knowledge, postmodern challenges* (pp. 161-78). New Brunswick: Rutgers University.

Scarr, S. (1979). Psychology and children: Current research and practice. *American Psychologist 34* (10): 809-811.

Schon, D. (1983). *The reflective practitioner.* New York: Basic.

Scheler, M. (1970). *The nature of sympathy* (P. Heath, Trans.). Hamden, Conn.: Archon Books, Shoe String Press. (Original work published 1913.)

Schroeder, W. R. (1984). *Sartre and his predecessors.* London: Routledge & Kegan Paul.

Schutz, A. (1967). *The phenomenology of the social world.* Evanston: Northwestern University Press.

Schutz, A., & Luckmann, T. (1973). *The structures of the life world, vol. 1* (R. Zaner & H. T. Englehardt, Jr., Trans.). Evanston: Northwestern University Press.

Schwalbe, M. (1986). *The psychosocial consequences of alienated labor.* Albany: State University of New York Press.

Shalin, D. N. (1986). Pragmatism and social interactionism. *American Sociological Review 51*: 9-29.

Shanok, R. S. (1990). Parenthood: A process marking identity and intimacy capacities. *Zero to Three 11* (2): 1-9.

Sharron, A. (1982). Dimensions of time. In N. K. Denzin (Ed.), *Studies in symbolic interaction, vol. 4* (pp. 63-89). Greenwich, Conn.: JAI.

Shaull, R. (1970). Introduction. In P. Freire, *Pedagogy of the oppressed.*

New York: Seabury.

Shell, E. R. (1988). Babes in day care. *The Atlantic 262* (2): 73-74.

Shields, S., & Koster, B. (1989). Emotional stereotyping of parents in child-rearing manuals, 1915-1980. *Social Psychology Quarterly 52* (1): 44-55.

Shott, S. (1979). Emotion and social life: A symbolic interactionist analysis. *American Journal of Sociology* 84: 1317-1334.

Silberman, C. (1970). *Crisis in the classroom.* New York: Random House.

Silvers, R. (1983). On the other side of silence. *Human Studies 6* : 91-108.

Smith, D. E. (1979). A sociology for women. In J. A. Sherman & E. T. Beck (Eds.), *The prism of sex: Essays in the sociology of knowledge* (pp. 135-87). Madison: University of Wisconsin Press.

———— (1987). *The everyday world as problematic.* Boston: Northestern University Press.

Smith, H., & Robbins, A. (1982). Structured ethnography: The study of parental involvement. *American Behavioral Scientist 26* (1): 45-61.

Smith, J. F. (1983). Parenting and property. In J. Trebilcot (Ed.), *Mothering: Essays in feminist theory* (pp. 199-212). Totowa, N. J.: Rowman & Allenheld.

Smith, J. K. (1984, Winter). The problem of criteria for judging interpretive inquiry. *Educational evaluation and policy analysis 6* (4): 379-391.

Smith, J. K., & Heshusius, L. (1986). Closing down the conversation: The end of the quantitative-qualitative debate among educational inquirers. *Educational Researcher 15* (1): 4-12.

Smith, P. (1990). Feminist jurisprudence. *American Philosophical Association Newsletter on Philosophy and Law 90* (1): 152-159.

Snow, C. (1989). *Infant development.* Englewood Cliffs, N. J.: Prentice Hall.

Sommerville, C. J. (1990). *The rise and fall of childhood.* New York: Vintage Books, Random House.

Stanley, L., & Wise, S. (1983). *Breaking out: Feminist consciousness and feminist research.* London: Routledge, Kegan, & Paul.

Steele, R. (1989). A critical hermeneutics for psychology: Beyond positivism to an exploration of the textual unconscious. In M. Packer & R. Addison (Eds.), *Entering the circle: Hermeneutic investigation in psychology* (pp. 223-37). Albany: State University of New York Press.

Steele, S. (1990). The "unseen agent" of low self-esteem. *Education Week* *10* (5): 36.

Steinfels, M. (1973). *Who's minding the children? The history and politics of day care in America.* New York: Simon & Schuster.

Stuhr, J. (1990). Subjects constructed, deconstructed, and reconstructed. *The Journal of Philosophy 90* : 656-657.

Sullivan, H. S. (1953). *The interpersonal of psychiatry.* New York: Norton.

Suransky, V. Polakow (1977). *The erosion of childhood: A social phenomenological study of early institutionalization.* Unpublished doctoral dissertation, Ann Arbor: University of Michigan.

Suransky, V. Polakow (1983). Tales of rebellion and resistance: The landscape of early instutional life. *Journal of Education 165* (2): 135-157.

Tesch, R. (1985). *Human science research bibliography.* P.O. Box 30070, Santa Barbara, Calif.

Thompson, R. (1987). Attachment theory and day care research. *Zero to Three 8* (2): 19-20.

Thompson, R. (1988). The effects of infant day care through the prism of attachment theory: A critical appraisal. *Early Childhood Research Quarterly 3* (3): 273-81.

Treichler, P. (1986). Teaching feminist theory. In C. Nelson (Ed.), *Theory in the classroom* (pp. 57-128). Urbana: University of Illinois.

Tyler, S. A. (1986). Postmodern ethnography: From document of the occult to occutl document. In J. Clifford & G. Marcus (Eds.), *Writing culture: The poetics and politics of ethnography* (pp. 122-140). Berkeley, Calif.: University of California Press.

Vandenberg, B. (1987a, April). *Development within an existential framework.* Paper presented at the Society for Research in Child

Development meeting, Baltimore, Md.

Vandenberg, B. (1987b, April). *Developmental psychology and the death of god.* Paper presented at the Society for Research in Child Development meeting, Baltimore, Md.

Vandenberg, D. (1971). *Being and education.* Englewood Cliffs, N. J.: Prentice-Hall.

Waksler, F. (1986). Studying children: phenomenological insights. *Human Studies 9*: 71-82.

Wallis, C. (1987, June 22). Is day care bad for babies? *Time Magazine:* 54-63.

Walsh, D., Baturka, N., Smith, E., & Cotter, N. (1989, September). *Changing one's mind?Maintaining one's identity: A first grade teacher's story.* Paper presented at the Qualitative Research in Early Childhood Settings Symposium, Knoxville, Tenn.

Warren, S. (1984). *The emergence of dialectical theory.* Chicago: University of Chicago Press.

Wartofsky, M. (1983). The child's construction of the world and the world's construction of the child: From historical epistemology to historical psychology. In F. Kessel & A. Siegel (Eds.), *The child and other cultural inventions* (pp. 188-215). New York: Praeger.

Weber, M. (1962). *Basic concepts in sociology* (H. P. Secher, Trans.). Secaucus, N. J.: Citadel.

Weinrub, M., Jaeger, E., & Hoffman, L. (1988). Predicting infant outcomes in families of employed and nonemployed mothers. *Early Childhood Research Quarterly 3* (4): 361-378.

White, B. (1981, November). Viewpoint: Should you stay home with your baby? *Young Children:* 11-17.

White, B., & Watts, J. (1973). *Experience and environment, vol. 1.* Englewood Cliffs, N. J.: Prentice Hall.

White, S. (1983). Psychology as a moral science. In F. Kessel & A. Siegel (Eds.), *The child and other cultural inventions* (pp. 1-25). New York: Praeger.

Whitebook, M., Howes, C., Darrah, R., & Friedman, J. (1982). Caring for the caregivers: Staff burnout in child care. In L. Katz (Ed.), *Current topics in early childhood education, vol. 4.* (pp. 211-235). Norwood, N.J.: Ablex.

Whitebook, M., Howes, C., & Phillips, D. (1989). *Who cares? Child care teachers and the quality of care in America. Final report: National child care staffing study.* Oakland, Calif.: Child Care Employee Project.

Willard, A. (1988). Cultural scripts for mothering. In C. Gilligan; J. Ward; J. Taylor; & B. Bardige (Eds.), *Mapping the moral domain* (pp. 225-243). Cambridge, Mass.: Harvard University Press.

Willis, A., & Ricciuti, H. (1975). *A good beginning for babies: Guidelines for group care.* Washington, D.C.: The National Association for the Education of Young Children.

Wingert, P., & Kantrowitz, B. (1990, Winter/Spring special edition). The day care generation. *Newsweek:* 86-92.

Yarrow, L. (1979). *Emotional development. American Psychologist 34* (10): 951-957.

Young, R. (1981). Post-structuralism: An introduction. In R. Young (Ed.), *Untying the text.* Baltimore: Johns Hopkins University.

Zigler, E., & Lang, M. (1991). *Child care choices: Balancing the needs of children, families, and society.* New York: The Free Press.

Zimiles, H. (1986). Rethinking the role of research: New issues and lingering doubts in an era of expanding preschool education. *Early Childhood Research Quarterly 1* (3): 189-206.

《인 명》

《내 용》

◀◀ 저자 소개 ▶▶

Robin Lynn Leavitt

미국 일리노이 웨슬리안 대학교 교육학 교수이며 교사교육 책임자다. 미국 일리노이 대학교 어바나-삼페인 캠퍼스에서 교육철학과 사회학에 근거한 교육정책 박사학위를 취득했다. 어린이의 사회화, 정서적 사회화, 교육 및 사회 정의 등에 관심을 갖고 있다.

◀◀ 역자 소개 ▶▶

양옥승(Yang Okseung)

이화여자대학교 교육학과 문학사
이화여자대학교 대학원 교육학과 문학석사
미국 캘리포니아 주립대학교 대학원 아동학과 문학석사
미국 남가주대학교 대학원 교육학과 철학박사
전) 미국 헤드스타트 교사 및 평가위원, 미국 펜실베이니아대학교 객원교수
    한국유아교육학회 회장, 한국교원교육학회 회장, 한국아동교육복지학
    회 회장, 한국보육교육단체총연합회회장, 공동육아와 공동체 교육 공
    동대표, 세계어린이교육기구 한국위원회 회장
현) 덕성여자대학교 유아교육과 교수

신은미(Shin Eunmi)

덕성여자대학교 유아교육과 교육학사
덕성여자대학교 대학원 유아교육과 교육학석사
덕성여자대학교 대학원 유아교육과 교육학박사
전) 경복대학 전임교원
현) 덕성여자대학교 유아교육과 겸임교수

어린이집에서의 권력과 정서

Power and Emotion in Infant-Toddler Day Care

2014년 6월 30일 1판 1쇄 발행
2022년 2월 10일 1판 5쇄 발행

지은이 • Robin Lynn Leavitt
옮긴이 • 양옥승 · 신은미
펴낸이 • 김 진 환
펴낸곳 • (주) **학지사**

　　　　04031 서울특별시 마포구 양화로 15길 20 마인드월드빌딩 5층
대표전화 • 02) 330-5114　　팩스 • 02) 324-2345
등록번호 • 제313-2006-000265호
홈페이지 • http://www.hakjisa.co.kr
페이스북 • https://www.facebook.com/hakjisabook

ISBN 978-89-997-0397-3　93370

정가 **14,000**원

이 도서의 국립중앙도서관 출판시도서목록(CIP)은 서지정보유통지원시스템
홈페이지(http://seoji.nl.go.kr)와 국가자료공동목록시스템(http://www.nl.go.kr/kolisnet)
에서 이용하실 수 있습니다.
(CIP제어번호: CIP2014017918)

출판 · 교육 · 미디어기업 **학지사**

간호보건의학출판 **학지사메디컬** www.hakjisamd.co.kr
심리검사연구소 **인싸이트** www.inpsyt.co.kr
학술논문서비스 **뉴논문** www.newnonmun.com
원격교육연수원 **카운피아** www.counpia.com